www.ingramcontent.com/pod-product-compliance
Lightning Source LLC
LaVergne TN
LVHW010842051026
849532LV00007B/2791
* 9 7 8 9 3 6 9 0 8 9 1 9 2 *

اردو ادب و ثقافت : نئے رنگ

(تعمیر نیوز ویب پورٹل کے منتخب مضامین)

ادب و ثقافت (نئے رنگ) سیریز: 1

مرتب:

مکرم نیاز

Urdu Adab o Saqafat : naye rang - Part-1
by: Mukarram Niyaz
Edition: September '2025
Publisher :
Taemeer Publications LLC (Michigan, USA / Hyderabad, India)

ISBN 978-93-6908-919-2

کتاب	:	**اردو ادب و ثقافت : نئے رنگ** (حصہ : ۱)
مرتب	:	**مکرم نیاز**
صنف	:	غیر افسانوی نثر
ناشر	:	تعمیر پبلی کیشنز (حیدرآباد، انڈیا)
سالِ اشاعت	:	۲۰۲۵ء
صفحات	:	۹۲
سرورق ڈیزائن	:	تعمیر ویب ڈیزائن

فہرست

پیش لفظ

ادب و ثقافت کا موضوعاتی سفر (نئے رنگ:۱)

مکرم نیاز

مطالعہ کی تاریخ پر جب طائرانہ نظر ڈالی جائے تو معلوم ہوگا کہ اس کا سفر تین عظیم، تاریخی و ادب ساز ادوار سے عبارت ہے، جنہوں نے انسانی دل و دماغ کو مسحور کیا اور علم و حکمت کو فروغ دیا۔ سب سے پہلا دور وہ تھا، جب کاغذی صفحات، رسائل اور اخبارات علم و عرفان کے چراغ تھے، جو مدھم روشنی میں انسان کے رب کا راز افشا کرتے تھے۔ یہ زمانہ اپنی سادگی، اپنی اخلاقیات اور خلوص کی یادگار سمجھا گیا، مگر رفتہ رفتہ زمانہ تبدیل ہونے لگا۔

پھر وہ عہدِ طلوع ہوا، جب انٹرنیٹ کا جادو ہر زبان کے قاری پر سایہ فگن ہوا۔ اپنی برق رفتاری اور بے مثال وسعت کے ساتھ، علم و آگاہی کا یہ سمندر گویا ہر قاری کی انگلیوں کی زینت بن گیا۔ ایک کلک سے ایک نئی دنیا، ایک جھلک سے دوسری حقیقت، اور ایک لمحے کا کچھ حصہ، قارئین کو بے پناہ وسیع اور دلکش دنیاؤں کا مسافر بنا گیا۔ دراصل یہ ایسا انقلابِ عظیم تھا، جو علم و شعور سے لبریز اسبابِ زندگی بن گیا۔

تیسری اور سب سے زیادہ حیرت انگیز تبدیلی سوشل میڈیا کی شکل میں نمودار ہوئی۔ ایک ایسی دنیا، جہاں فاصلے مٹ گئے، اور خیالات و احساسات کی سرائیں، عقل و شعور کے میدان آباد کرنے لگیں۔ ہر فرد، ادارہ، قوم، ایک دوسرے کے قریب، اور ایک دوسرے کے ہم نوا ہو گئے۔ یہ میدان عمل، تعلیم، اصلاح اور سماجی بیداری کے قافلے کا ایسا رہنما باور کیا گیا جو تاریکی کے خلاف علم نور بلند کرتا ہے۔

اسی فضا میں، ۲۰۱۲ء کے اواخر میں 'تعمیر نیوز' کے افق کو روشن کیا گیا، تاکہ اردو ادب و ثقافت کے اس بحرِ بے کنار کو ایک جہانِ تنقید و تصور میں تبدیل کیا جا سکے۔ تیرہ سال کے اس سفر نے یہ باور کرایا ہے کہ اردو زبان کا یگانہ لہجہ، اس کے بلند خیال اور اس کے پیغام، امتزاجِ علم و فن میں ہی زندہ رہ سکتے ہیں۔

اس کتاب میں 'تعمیر نیوز' سے اخذ کردہ ایسے مضامین کو شامل کرنے کی ممکنہ کوشش کی گئی ہے جو اردو ادب و ثقافت کے منفرد و متنوع موضوعات کا احاطہ کرتے ہوئے قاری کی مناسب علمی و سماجی رہنمائی کا فرض بھی انجام دے سکیں۔ یہ کتاب **"اردو ادب و ثقافت: نئے رنگ"** کے سلسلے کا پہلا حصہ ہے۔

۲۵ / ستمبر ۲۰۲۵ء

حیدرآباد (تلنگانہ، انڈیا)

۱

اردو کی نئی اڑان

نیلوفر سہروردی

آج کل پہلے کے مقابلے اردو کو زیادہ اہمیت دی جا رہی ہے۔ یقیناً سبھی اردو پسند کرنے والوں کیلئے یہ ایک بہت اچھی بات ہے لیکن اس بات پر بھی نظر ڈالنا ضروری ہے کہ آخر کیا وجہ ہے کہ اردو کو یہ نئی اہمیت دی جا رہی ہے۔ اس میں کوئی شک نہیں ہے کہ کافی حد تک آج بھی اس زبان کو مذہب یعنی مسلمانوں سے جوڑا جاتا ہے۔ یہ بھی سچ ہے کہ آج بھی مسلمانوں کو کئی جگہ تعصب کا شکار بنایا جاتا ہے۔ ایسے حالات کے مد نظر اردو کی اہمیت کیسے بڑھ رہی ہے؟ اکثر اس طرح کے سوال خاص طور سے جب مذہب سے جڑے ہوئے ہیں، کا ایک ہی جواب رہتا ہے کہ اس کے پیچھے کوئی سیاسی مقصد ہے، یعنی مسلم ووٹ حاصل کرنے کا۔ اس جواب سے انکار تو نہیں کیا جا سکتا لیکن پھر بھی اسے ہر طرح سے صحیح نہیں سمجھا جا سکتا۔ اس کی کئی وجوہات ہیں۔ جہاں سیاست کا سوال ہے یہاں صرف اردو زبان اور میڈیا کا نہیں استعمال کیا جاتا۔ یہی بات ہر زبان اور اس سے جڑے میڈیا کے متعلق کہی جا سکتی ہے۔ اس کے علاوہ سیاست کی ہوا کا اثر ہر زبان اور ان سے جڑے میڈیا پر وقتی رہتا ہے۔ مستقل رہتا ہے جہاں اس زبان کے اخبار، ٹی وی چینل یا دوسرے میڈیا کے اداروں پر کسی سیاسی پارٹی کا کنٹرول پورا ہوتا ہے۔ ان باتوں کے مد نظر یہ سمجھنا ضروری ہے کہ اردو میں ایسی کیا خاص بات ہے جس کی وجہ سے اُسے آج

کے دور میں ایک نئی اہمیت دی جا رہی ہے۔ ایک حد تک یہ کہنا غلط نہیں ہو گا کہ حال میں میڈیا کی اہم ترقی کی وجہ سے کئی زبانوں کو فائدہ ہوا ہے۔ جن میں اردو بھی شامل ہے۔ یعنی اگر میڈیا پر ایک انقلاب دور کا اثر نہیں ہوتا تو شاید اردو کی بھی اہمیت نہیں بڑھتی۔ اس میں کوئی شک نہیں ہے کہ ایک دور تھا جب لگتا تھا کہ اردو میں لکھنے والے پوری آزادی سے اپنے خیالات ظاہر نہیں کر پا رہے ہیں۔ یہاں اس بات پر غور کرنے کی ضرورت ہے کہ اسی پریشان کا سامنا انگریزی میں لکھنے نے بھی، اُسی دور میں کیا ہے۔ اسے آپ ڈر سمجھے یا فکر، لیکن ایک دور تھا جب اگر کہیں لڑائی، جھگڑا یا فساد ہوتا تو سبھی اخبار ان پر تفصیلی خبر دینے میں احتیاط کرتے تھے۔ وہ بھی اس وجہ سے کہ کہیں ان کی خبر سے یہی فساد دوسرے علاقوں میں نہ پھیل جائیں۔ آج کے دور میں اب اس طرح کے ڈر کو کوئی خاص اہمیت نہیں دی جاتی۔ اس کی وجہ ہے جس سے سب واقف ہیں، میڈیا کا نیا چہرہ یعنی اب ٹی وی، انٹرنیٹ اور فون کے ذریعہ خبر بڑی تیزی سے پھیل جاتی ہے۔ یہی نہیں میڈیا سے جڑے سبھی لوگوں کا اہم مقصد رہتا ہے کہ وہ دوسروں سے پہلے اہم خبر لوگوں تک پہنچا دیں۔ یعنی میڈیا کا انقلابی اثر اردو پر ہی نہیں بلکہ اردو پر بھی پڑا ہے لیکن اردو کو آگے بڑھانے میہں کچھ اور وجوہات بھی ذمہ دار ہیں۔ ان میں سے ایک ہے کئی لوگوں کو احساس ہونا کہ اس زبان کا مارکٹ بہت پھیلا ہوا ہے۔ ملک کے اندر اور باہر۔ اور اس احساس نے اُس خیال کو کافی حد تک کمزور کر دیا جس کے مطابق اردو کی ترقی کا مطلب ہے مسلمانوں کی مدد کرنا۔ یقینا جس رفتار سے اردو کی ترقی ہو رہی ہے اس کی وجہ سے مسلمانوں کیلئے روزگار کے ذرائع بھی بڑھ رہے ہیں۔ ساتھ ہی ساتھ ان کو آگے بڑھانے والوں کا فائدہ بھی بڑھ رہا ہے۔ اس میں کوئی شک نہیں ہے کہ کئی اخباروں کا اہم مقصد کسی سیاسی پارٹی کو آگے بڑھانا ہوتا ہے۔ یہ بات انگریزی اور ہر زبان کے میڈیا کے بارے

میں کہی جاسکتی ہے۔ اس بات کو بھی نظر انداز نہیں کیا جاسکتا کہ جس طرح سے اردو کی اہمیت بڑھی ہے اس زبان میں لکھنے والوں میں بھی ایک نیا جوش اور نئی آزادی نظر آرہی ہے۔ یہی بات انگریزی میں بھی نظر آتی ہے لیکن جہاں اردو کا سوال ہے اس سے یہ ظاہر ہوتا ہے کہ اپنی آواز اٹھانے میں، اپنے قلم کے ذریعہ زیادتر اردو میں لکھنے والے جھجھکتے نہیں ہیں۔ یہ اردو صحافت کی نئی اہمیت کی ایک بڑی نشانی ہے۔ اس کے پیچھے ایک اور وجہ کو نظر انداز نہیں کیا جاسکتا۔ کافی حد تک مسلمانوں اور غیر مسلموں نے اس بات کو تسلیم کرلیا ہے کہ اردو زبان کو صرف مذہبی نظریے سے نہیں دیکھنا چاہئے اور شاید اسی وجہہ سے اب غیر مسلم اردو اخبار اور ٹی وی چینل کو آگے بڑھانے میں چوک نہیں رہے ہیں۔ یقیناً اپنی ذمہ داری سمجھ کر مسلمان تو اس میدان میں کبھی پیچھے نہیں ہٹے۔ غور کرنے کی ضرورت ہے کہ حال ہی میں غیر مسلموں میں اردو کی طرف نیا جوش نظر آرہا ہے۔ یہ آج کا دور ہے، اس سے پہلے یہ ڈر تھا کہ شاید اردو زیادہ دن تک ملک میں نہیں رہ پائے گی اور اگر رہی بھی تو کافی محدود رہے گی۔ آج کی تصویر کچھ اور کہانی کہہ رہی ہے۔ اردو اخبارات، اردو چینل بڑھ رہے ہیں۔ پہلے، اردو پروگرام ٹی وی پر صرف مشاعروں، نظموں یا ڈراموں تک محدود تھے۔ آج کئی چینل خبر، بحث، مشاعروں اور مذہبی پروگراموں کو پوری توجہ دے رہے ہیں۔ اس انقلابی تبدیلی کی خاص وجہہ ہے کہ اردو کے مارکیٹ کا احساس اور اُسے پکڑنے کا جوش۔ انہیں اگر اس دائرے میں نقصان نظر آتا تو غیر ملسم کبھی آگے بڑھ کر اردو اخبارات اور ٹی وی چینلوں کو کبھی زیادہ توجہ دیتے ہی نہیں۔ اس کے علاوہ اردو ہندوستانی تہذیب میں اتنی گھلی ہوئی ہے کہ کوئی چاہ کر بھی اسے یہاں سے الگ نہیں کرسکتا۔ ایک وقت تھا جب کچھ فرقہ وارانہ لوگوں نے کوشش کی تھی لیکن آج کے دور میں اردو کی ترقی ان کی ہار کی نشانی ہے۔ حالانکہ بالی ووڈ کی فلمیں

ہندی کی کہی جاتی ہیں ان میں اردو کا زیادہ استعمال کیا جاتا ہے۔ عام ہندوستانی چاہے اردو پڑھ نہ پائے لیکن آسانی سے سمجھ ضرور جاتا ہے۔ کئی ایسے لفظ ہیں جو ان کی اپنی علاقائی زبان میں بھی گھل گئے ہیں۔ مثلاً لفظ مطلب کو کئی ریاستوں کے گاؤں والے مطبل کہتے ہیں۔ ہندی کے لفظ ارتھ کا نہیں استعمال کرتے۔ اس نظریے سے بھی اردو زبان ہے جس پر کسی مذہب کا لیبل نہیں لگایا جاسکتا۔ اس احساس نے مجبور کر دیا ہے کہ غیر مسلم لوگوں کو اس زبان کی مارکٹ کی طرف توجہ دینے کیلئے!

The Flight of Urdu in todays world. Essay: Niloufer Suharwardi

***

۲

تعلیمی اداروں میں جدید ٹیکنالوجی کا استعمال

ڈاکٹر اسلم فاروقی

اکیسویں صدی میں جدید ٹیکنالوجی زندگی کے ہر شعبہ میں داخل ہوگئی ہے۔ اور ٹیکنالوجی کا استعمال اپنے کام کو بہتر بنانے میں لازمی تصور کیا جارہا ہے۔ ادھر کچھ عرصے سے انفارمیشن ٹیکنالوجی کے شعبے میں بہت بڑا انقلاب آیا ہے۔ ایک زمانہ تھا جب کبھی کبھی کوئی نادر واقعہ ہوتو اسے بریکنگ نیوز کہا جاتا تھا۔ آج ٹیلی ویژن کے نیوز چینلوں پر ہر تھوڑی دیر میں ہمیں دنیا کے کسی حصے سے بریکنگ نیوز کی اطلاع ملتی ہے۔ ہر دن کوئی نہ کوئی نئی ایجاد اور نئے طور طریقے ہماری زندگی میں شامل ہورہے ہیں۔ الیکٹرانک کے شعبے میں حیرت انگیز ترقی ہوئی ہے۔ اور جیب میں رکھے جانے والے ایک چھوٹے سے آئی فون میں ہمیں انفارمیشن کے حصول سے متعلق ہر سہولت دستیاب ہے۔ جیسے فون سے بات کرنا ویڈیو کالنگ، انٹرنیٹ براؤزنگ، فیس بک چیاٹنگ، ای میل کی سہوت اور بہت کچھ۔ آج کے اس دور میں جہاں ٹیکنالوجی کے بڑھتے اثرات نے زندگی کو تیز رفتار بنادیا ہے۔ وہیں تعلیم کے شعبے میں بھی ٹیکنالوجی کا اثر محسوس کیا جارہا ہے۔ اور جدید ٹیکنالوجی کے ذرائع سے استفادہ کرتے ہوئے اساتذہ اسکول، کالج اور یونیورسٹی کی سطح پر پیشہ تدریس کو اثر حاضر کے تقاضوں سے ہم آہنگ کرسکتے ہیں۔ اور تعلیمی ادارے بھی

اپنے انتظامی امور میں ٹیکنالوجی کو اختیار کرتے ہوئے اپنے انتظامیہ کو بہتر اور فعال بنا سکتے ہیں۔ آیئے دیکھیں کہ ٹیکنالوجی کس طریقے سے ہماری موجودہ تعلیم کا حصہ بن رہی ہے۔

تعلیم کا مفہوم

تعلیم کے معنی جاننے کے ہیں کہ جو بات ہمیں نہیں معلوم اسے جاننے کا نام تعلیم ہے۔ علمی اصطلاح میں ایک انسان کو اس دنیا میں بہتر زندگی گذارنے کے لئے یا بطور پیشہ کوئی شعبہ اختیار کرنے کے لئے جن باتوں کا جاننا ضروری ہے۔ اسے تعلیم کہتے ہیں۔ تعلیم صرف کتابی نہیں ہوتی۔ بلکہ زندگی میں آنے والا ہر دن اور اس دن ہونے والے کسی واقعہ سے سبق حاصل کرنا تعلیم کا ہی حصہ ہے۔ اچھی تعلیم وہی ہے جس میں فرد کی ہر لحاظ سے ترقی ہو۔ تعلیم کا فائدہ یہ ہے کہ انسان کی زندگی سنورتی ہے۔ اور وہ اپنی زندگی کو بہتر بنا سکتا ہے۔ تعلیم روشنی ہے۔ اور جہالت اندھیرا ہے۔ ایک جاہل انسان کبھی کبھی اپنی جہالت سے دنیا والوں کو نقصان بھی پہونچا سکتا ہے۔ اس لئے معاشرے کی ذمہ داری ہے کہ وہ خواندگی کو عام کرے۔ یہی وجہ ہے کہ ہندوستان میں حکومت نے ہر بچے کے لئے لازمی تعلیم قانون بنایا ہے۔ اور بچہ مزدوری کے خاتمے کے لئے اقدامات کئے ہیں۔ ہندوستان میں رویتی ۳+۲+۱۰ کا نظام تعلیم رائج ہے۔ آج تعلیم کے حصول کے ذرائع میں اسکول کالج یونیورسٹی، اساتذہ اور کتابوں کے علاوہ الیکٹرانک ذرائع جیسے ای کلاس روم، اسمارٹ کلاس، اوور ہیڈ پروجیکٹر، کمپیوٹر سی ڈیز، ٹیابلیٹ کمپیوٹر، لیپ ٹاپ وغیرہ شامل ہیں۔ جن کی مدد سے عصر حاضر کا استاد اپنے نئے زمانے کی تعلیم کو بہتر بنا سکتا ہے۔

اسکول کی سطح پر بہ طور تدریسی وسائل جدید ٹیکنالوجی کا استعمال

اساتذہ کے لئے لازمی ہے کہ وہ دوران تدریس تدریسی آلات جیسے بلیک بورڈ، چا

ک پیس، کتاب، نقشہ جات، تصاویر اور دیگر ماڈلس کا استعمال کریں تا کہ اپنے سبق کو دلچسپ اور معلوماتی بنایا جاسکے۔ اسکول کی سطح پر جب کہ بچہ نو آموز ہوتا ہے۔ اور اسے دنیا کی بہت سی باتوں سے واقفیت نہیں ہوتی۔ وہاں ان تدریسی وسائل کا استعمال لازمی ہے۔ اس کے ساتھ ساتھ آج کل بعض مدارس پرائمری سطح پر کمرہ جماعت کو عصری ٹیکنالوجی سے لیس کر رہے ہیں۔ اور ہر کمرہ جماعت کو پروجیکٹر سے آراستہ کرتے ہوئے لیاپ ٹاپ اور تعلیمی سی ڈیز کی مدد سے اپنے سبق کو بہتر انداز میں پڑھارہے ہیں۔ اس طرح کی کلاس کو اسمارٹ کلاس کا نام دیا جارہا ہے۔

بعض تعلیمی ادارے ماہرین کمپیوٹر اور گرافکس وانیمیشن کی مدد کے ساتھ کتابوں کے روایتی سائینسی سماجی علوم اور ریاضی وزبان کے اسباق کو معیاری بنارہے ہیں۔ ایسا ہی ایک ادارہ ہے جو educomp کے نام سے کام کر رہا ہے۔ جس کی تعارفی کلاسیس انٹر نیٹ پر دستیاب ہیں۔ educomp ادارے کے لوگ کسی تعلیمی ادارے سے معاہدہ کرتے ہیں۔ اور ان کے نصاب یا خود ادارے کے نصاب کی مکمل کلاسیس کے اسباق انٹر نیٹ اور خصوصی پاس ورڈ کے ذریعے دستیاب کراتے ہیں۔ اور اساتذہ کو تربیت دی جاتی ہے کہ وہ کیسے اسمارٹ کلاس میں پڑھائیں۔ جو تعلیمی ادارے اس طرح کی ٹیکنالوجی استعمال کر رہے ہیں ان کے بچوں میں اور روایتی کتاب کاپی قلم سے سیکھنے والے تعلیمی اداروں کے طلبا کے معیار تعلیم میں کافی فرق پایا جاتا ہے۔ تعلیم ایک مسلسل عمل ہے۔ اور اس میں والدین اور تعلیمی اداروں کے ذمہ داروں کے لئے ضروری ہے کہ وہ طلباء کو معیاری تعلیم دینے کے لئے عصر حاضر کے تقاضوں کو مد نظر رکھیں۔ اسکولی سطح پر طلبا کو خصوصی انٹر نیٹ پروگرام کے ذریعے تعلیم کے علاوہ کسی موضوع پر پہلے سے دستیاب سی ڈی کا پروگرام دکھاتے ہوئے بھی تعلیم دی جارہی ہے۔ آج کل کتابوں کی دکانوں میں

چھوٹے بچوں کے لئے نظموں کے سی ڈی، انگریزی بول چال سیکھنے کی سی ڈی، وائیلڈ لائف سی ڈی وغیرہ دستیاب ہیں۔ ایسے والدین جو گھر میں کمپیوٹر یا سی ڈی پلیر رکھتے ہیں۔ وہ اس طرح کی معلوماتی سی ڈی حاصل کرتے ہوئے گھر پر بھی بچوں کو ٹیکنالوجی کی مدد سے تعلیم فراہم کرسکتے ہیں۔ انٹرنیٹ تو ان دنوں معلومات کی فراہمی کا سب سے اہم اور ایک طرح سے آسان ذریعہ ہو گیا ہے۔

Google سرچ انجن کا دعوی ہے کہ اس کے ہاں سب کچھ ملتا ہے۔ کسی لفظ کے معنی معلوم کرنا ہو، کسی اور زبان میں اس کا ترجمہ کرنا ہو، کسی موضوع پر تفصیلی معلوماتی مضمون درکار ہو، کسی موضوع کی تصویر درکار ہو یا کسی موضوع پر ویڈیو چاہئے بس گوگل کی سہولتوں ترجمہ، تصاویر، ویکی پیڈیا یا یوٹیوب پر جائیے آپ کی پسند کی ہر چیز اور ہر موضوع کی معلومات دستیاب ہیں۔ اس کے لئے سرچ انجن میں درست الفاظ ٹائپ کرنے ہونگے۔ گذشتہ ۱۱ نومبر کو مولانا ابوالکلام آزاد کے یوم پیدائیش پر ملک بھر میں قومی یوم تعلیم تقاریب منائی گئیں۔ ہمارا ارادہ ہوا کہ کیوں نہ انٹرنیٹ سے مولانا آزاد کی آواز میں ان کی تقریر تلاش کی جائے چنانچہ یوٹیوب پر سرچ کرنے پر مولانا آواز کی آواز میں ۱۹۴۷ء میں کی گئی ان کی تقریر ڈاؤن لوڈ کی گئی اور فون کی مدد سے اسے ریکارڈ کر کے ذریعے مائیک اسے نئی نسل کے طلبا کو سنایا گیا۔ اس طرح ٹیکنالوجی کا یہ فائدہ ہوا کہ مولانا آزاد کے گذر جانے کے بعد بھی ان کی آواز ان کے بعد آنے والی نسلیں سن پائی ہیں۔ اس طرح والدین اور اساتذہ اگر طلبا پر نگرانی رکھیں اور ان کے لئے تعلیمی ویب سائٹس تک رسائی کو ممکن بنائیں تو بچے چھٹی کے اوقات میں انٹرنیٹ سے بہتر طور پر استفادہ کرسکتے ہیں۔ جن طلبا کو کمپیوٹر پر ٹائپنگ آتی ہو وہ کوئی سبق ٹائپ بھی کرسکتے ہیں۔ بعض مدارس اپنے طلباء کو اس طرح کا ہوم ورک دے رہے ہیں اور ای میل کے ذریعے

ہوم ورک کی جانچ ہو رہی ہے۔ بعض طلباء کو ڈرائینگ میں دلچسپی ہوتی ہے۔ ان طلباء کو پینٹنگ اور ڈرائینگ میں ماہر بنانے کے لئے کمپیوٹر کے ورڈ آرٹ سافٹ ویر سے مدد لی جا سکتی ہے۔ اس طرح اسکول کی سطح پر educomp، کی اسمارٹ کلاس، لیپ ٹاپ، سی ڈی اور انٹرنیٹ کی مدد سے جدید ٹیکنالوجی کی مدد سے تعلیم کو بہتر، معلوماتی اور عصر حاضر کے تقاضوں سے ہم آہنگ کیا جاسکتا ہے۔

کالج کی سطح پر بہ طور تدریسی وسائل جدید ٹیکنالوجی کا استعمال

ایک معیاری اسکول سے فارغ جب ایک طالب علم کالج کی زندگی میں قدم رکھتا ہے تو کالج کے انتظامیہ کی ذمہ داری ہے کہ وہ اپنے کالج کو تدریسی وسائل کے طور پر عصر حاضر کے تقاضوں سے ہم آہنگ رکھے۔ چنانچے کالج کا ہر کمرہ جماعت ای کلاس روم ہو جہاں اساتذہ کے لئے پروجیکٹر کے استعمال کی سہولت ہو۔ اور طلبا بھی اس سہولت سے استفادہ کر سکیں۔ کالج کا طالب علم عنفوان شباب کی عمر کے دور سے گذر رہا ہوتا ہے۔ اور آج کل طالب علم انٹرنیٹ، ٹیلی ویژن اور سیل فون کے اچھے برے اثرات کے ساتھ کالج کے ماحول میں قدم رکھ رہے ہیں۔ ایسے میں طالب علم کی صلاحیتوں کو مثبت افکار کی جانب موڑنا ایک ماہر تعلیم استاد کی اولین ذمہ داری ہوتی ہے۔ چنانچہ کالج کے کلاس روم میں بھی روایتی کتاب: بلیک بورڈ اور چاک پیس و نقشہ جات کے علاوہ ایک ماہر استاد اپنے لیاپ ٹاپ اور پروجیکٹر کی مدد سے طلباء کو اپنے سبق کو بہتر طور پر سمجھا سکتا ہے۔ اس کے لئے استاد کو کمپیوٹر کا ماہر ہونا ہوگا۔ اور وہ پاور پوائینٹ سہولت کی مدد سے مختلف معلوماتی سلائیڈز کی مدد سے اپنے سبق کو بہتر دلچسپ اور عصر حاضر کے تقاضوں سے متعلق ہم آہنگ کر سکتا ہے۔ سائنس کے مضامین ہو کہ کوئی اور مضمون جدید ٹیکنالوجی کی مدد سے اسے بہتر طور پر سمجھایا جاسکتا ہے۔ ای کلاس کے لئے اسباق کی تیاری ایک مشکل کام ہوتا

ہے۔ اسے گھر بیٹھے تیار کرنا سب کے بس کی بات نہیں۔ اور اگر ایک معیاری سبق تیار ہو تو قومی سطح پر اس سے استفادہ کیا جاسکتا ہے۔ اس کے لئے ریاستی سطح کے انٹر میڈیٹ و ڈگری کے بورڈ اور NCERT,SCERT کی جانب سے ماہر اساتذہ کو طلب کیا جارہا ہے۔ اور انہیں تمام سہولتوں سے لیس کمپیوٹر لیاب فراہم کیا جارہا ہے اور انہیں معاوضہ دے کر تعلیمی اسباق تیار کئے جارہے ہیں۔ ان اسباق کے ڈی وی ڈیز تعلیمی اداروں کو مہیا کرائے جارہے ہیں۔ اور ان کی مدد سے تعلیم کو ٹیکنالوجی سے ہم آہنگ کیا جارہا ہے۔ کالج کی سطح پر لائبریری کو بھی عصر حاضر کی ٹیکنالوجی سے ہم آہنگ ہونا ضروری ہے۔ اگر لائبریری میں مختلف موضوعات کے سی ڈی ہوں اور کوئی طالب علم لائبریری میں بیٹھ کر کمپیوٹر کی مدد سے وہ سی ڈی دیکھ سکتا ہو تو اس کے علم میں اضافہ ہوتا ہے۔ آج کل کالج کی لائبریری کے ایک ہال میں ایک بڑا مانیٹر لگایا جارہا ہے۔ اور اگر کسی دن کوئی مضمون کا لیکچرر غیر حاضر ہو تو لائبریری کا انچارج طلباء کے لئے اس مضمون سے متعلق سی ڈی لگاتا ہے اور ساری کلاس ایک لیکچرر کی غیر موجودگی کے باجود وقت پر ایک اہم لیکچر سے مستفید ہو سکتی ہے۔

آج کل کالج کے طلباء کے لئے حکومتی سطح پر چلائے جانے والے خصوصی ٹیلی ویژن چینلوں پر بھی معلوماتی پروگرام نشر کئے جارہے ہیں۔ آندھرا پردیش میں MANA TV کے نام سے سرکاری چینل چل رہا ہے۔ جس پر ہر تین ماہ کے مختلف پروگرام کا ٹائم ٹیبل دیا جاتا ہے۔ اور کالج میں ایک لیکچرر کو اس کا انچارج بنایا جاتا ہے۔ جو وقت مقررہ پر طلبا کو کمرہ جماعت میں جمع کرتا ہے۔ اور مخصوص ڈش انٹینا سے نشر ہونے والے پروگرام کا مشاہدہ کرایا جاتا ہے۔ ان پروگراموں میں کچھ براہ راست پروگرام بھی ہوتے ہیں اور طلبا کو فون ان کی سہولت دی جاتی ہے۔ تاکہ وہ اپنے شک وشبہ کا اظہار کرسکیں۔ اکثر

پروگرام ایسے ماہر اساتذہ پیش کرتے ہیں جن کے طریقہ تدریس میں شک و شبہ کی گنجائش کم ہوتی ہے اور طالب علم کو سیر حاصل معلومات ہوتی ہیں۔ قومی سطح پر دوردرشن اور دیگر خانگی ٹیلی ویژن چینل بھی طلباء کے لئے پروگرام پیش کررہے ہیں جن سے طلبا استفادہ کرسکتے ہیں۔ سوشیل میڈیا جیسے فیس بک اور ٹویٹر وغیرہ کو بھی فروغ تعلیم کے لئے استعمال کیا جاسکتا ہے۔

بہت سے طالب علم فیس بک کے دیوانے ہیں۔ اگر کوئی تعلیمی ادارہ یا استاد اپنا ایک فیس بک گروپ رکھے اور اس میں اپنے طلبا اور ماہرین تعلیم کو ممبر بنائے اور معلومات اور اہم اعلانات کا تبادلہ ہو تو اس سے طلبا کی تعلیمی ضرورتیں پوری ہو سکتی ہیں۔ گراج گورنمنٹ کالج نظام آباد کے شعبہ اردو نے بھی اس طرح کا ایک گروپ "شمع فروزاں" کے نام سے بنایا ہے۔ اس گروپ میں کالج کے طلبا کے علاوہ یونیورسٹی اور کالج کے ماہر اساتذہ، ماہرین تعلیم، شعرا، ادیب اور کیریر گائیڈنس کے ماہرین شامل ہیں جو اپنی قیمتی معلومات اور افکار سے طلبا کو مستفید کرتے ہیں اور گروپ انچارج طلبا کو اہم اعلانات سے واقف کراتے ہیں۔ اس طرح تعلیم کے فروغ میں سوشیل میڈیا کا بہتر استعمال ہو سکتا ہے۔ اور طلبا کی صلاحیتوں کو منفی رجحانات کے بجائے مثبت رجحانات کی جانب موڑا جاسکتا ہے۔

آن لائین تدریس

انٹرنیٹ کی بڑھتی مقبولیت اور اس کی عام آدمی تک رسائی سے بہت سی سہولتیں عام ہوگئی ہیں۔ اور آج آن لائن خدمات کا سلسلہ شروع ہوگیا ہے۔ تعلیمی ادارے بھی آن لائن درخواستیں وصول کر رہے ہیں۔ اور طلباء کو مختلف مسابقتی امتحانات کے ہال ٹکٹ بھی آن لائین فراہم کر رہے ہیں۔ اسی آن لائن سہولت کو تدریس میں بھی استعمال کیا جارہا ہے۔ اور آوٹ سورسنگ خدمات کے ذریعے طلباء کو خانگی ٹیوشن فراہم کیا جارہا

ہے۔ ہندوستان کے کسی ایک مقام پر رہنے والا ایک قابل استاد دنیا کے کسی بھی گوشے میں موجود اپنے شاگرد کو ایک تیز رفتار کمپیوٹر اور انٹرنیٹ کنیکشن کی بدولت آن لائن ٹیوشن پڑھا سکتا ہے اور یہ سہولت ان دنوں مقبول بھی ہو رہی ہے۔ آج کل ایسے رائٹنگ پیاڈ بھی دستیاب ہیں جن کی مدد سے اسکرین پر قلم کی طرح لکھا بھی جاتا ہے۔ اس طرح آؤٹ سورسنگ اور آن لائن کی بدولت ہر طرح کی تعلیم گھر بیٹھے ممکن ہو گئی ہے۔ اور اس کے ذریعے دولت کمانے کے مواقع بھی پیدا ہو گئے ہیں۔ کالج کی سطح پر طلبا اس قسم کی سہولت سے بھی استفادہ کرتے ہیں۔ کالج میں چونکہ طے شدہ نصاب ہی پڑھنا ہوتا ہے اس لئے طلبا کو زیادہ کتابوں کی ضرورت نہیں پڑھتی اگر ضرورت ہو بھی تو ای کتابوں کی مدد سے یا انٹرنیشنل لائبیریری سے بہ ذریعے انٹرنیٹ دنیا کے کسی بھی کتب خانے کی لائبیریر ی سے استفادہ کیا جاسکتا ہے۔ کالج کے طلبا کو مسابقتی امتحانوں کی تیاری میں بھی انٹرنیٹ سے مدد ملتی ہے۔ اور سابقہ امتحانوں کے پرچے اور امتحان کی تیاری کا مواد نیٹ سے حاصل کیا جاسکتا ہے۔ اور تدریس کو عصر حاضر کے تقاضوں سے ہم آہنگ کیا جاسکتا ہے۔ کالج کے اساتذہ کو کمپیوٹر کی مہارت کا حامل ہونا ضروری ہے۔ اور وہ ایک ایسا لیاپ ٹاپ بھی ساتھ رکھے جس میں نیٹ کی سہولت ہو۔ آج کل کالجوں اور یونیورسٹیوں میں طلبا کی سہولت کے لئے wifi انٹرنیٹ سہولت دی جارہی ہے طلبا اور اساتذہ اس سہولت سے استفادہ کرسکتے ہیں۔

یونیورسٹی کی سطح پر بہ طور تدریسی وسائل ٹیکنالوجی کا استعمال

کالج کے بعد ایک طالب علم کے لئے حصول علم کا ایک بڑا موقع یونیورسٹی کی تعلیم ہوتی ہے جہاں پوسٹ گرایجویشن کے بعد ریسرچ کے مواقع دستیاب ہوتے ہیں۔ چنانچہ یونیورسٹیوں کا نگران ادارہ یو جی سی اس بات کی کوشش کر رہا ہے کہ ہماری یونیورسٹیوں

سے ایسے قابل سائینسدان اور ماہر تعلیم تیار ہوں جو ملک اور دنیا کو ان کے مسائل سے نجات دلانے کے لائق بنیں۔ اس لئے یو جی سی یونیورسٹیوں کی ترقی کے لئے لاکھوں روپے کا بجٹ منظور کر رہی ہے اور تعلیم میں ٹیکنالوجی کے استعمال کے لئے ہر قسم کے وسائل مہیا کر ارہی ہے۔ یونیورسٹی میں کلاس روم تدریس کم ہی ہوتی ہے اور طالب علم کو انفرادی طور پر حصول علم کے مراحل طے کرنے پڑتے ہیں۔ اور یونیورسٹی طالب علم کے لئے علم کا خزانہ لائبریری ہوتی ہے۔ چنانچہ لائبریری میں کتابوں کے علاوہ ای کتابیں اور کمپیوٹر اور انٹرنیٹ کی مدد سے دنیا بھر سے لائبریریوں سے استفادے کی سہولت دستیاب کرائی جاتی ہے۔ حیدرآباد میں یونیورسٹی آف حیدرآباد کی اندرا گاندھی لائبریری جنوبی ہند میں اس طرح کی سہولت کے لئے مشہور لائبریری ہے۔ یونیورسٹی کے پروفیسر کے لئے ضروری ہے کہ وہ پاور پوائینٹ کے ذریعے تدریس کا ماہر ہو۔ چنانچہ وہ ایسے اسباق تیار کرتا رہے اور انہیں مختلف سمیناروں اور سمپوزیموں میں پیش کرتا رہے۔ طلبا اگر اس طرح کے لیکچر میں شرکت کریں تو انہیں استفادے کا موقع ملتا ہے۔ اندرا گاندھی اوپن یونیورسٹی، امبیڈکر اوپن یونیورسٹی اور مولانا آزاد نیشنل اردو یونیورسٹی کا جانب سے ٹیلی ویژن پر تعلیمی پروگرام نشر ہو رہے ہیں۔ جن سے طلبا مستفید ہو سکتے ہیں۔ یونیورسٹی کے طلباء بھی انٹرنیٹ کے ذریعے اپنی معلومات حاصل کر سکتے ہیں۔

تعلیمی ٹیکنالوجی اور اردو

اردو زبان بھی آج انٹرنیٹ سے کافی ہم آہنگ ہو رہی ہے۔ اور اردو ان پیج کے علاوہ اردو یونیکوڈ سافٹ ویر کی مدد سے کمپیوٹر میں باآسانی تحریر کی جاسکتا ہے۔

www.mbilalm.com

پر اردو یونیکوڈ کی-بورڈ سافٹ ویر دستیاب ہے۔ اس سافٹ ویر کی مدد سے ایم ایس

آفس کے تمام پروگراموں میں اردو میں کام کیا جاسکتا ہے۔ اور فیس بک پر اردو میں تحریر کیا جاسکتا ہے۔ اس سافٹ ویر کی مدد سے اردو میں ای کتابوں کا خزانہ بڑھ رہا ہے اور ان پیج سے یونیکوڈ اور یونیکوڈ سے ان پیج اور پی ڈی ایف کنورٹر سافٹ ویر کی مدد سے اردو کمپوزنگ کی دنیا میں انقلاب آیا ہے۔ اور دور جدید میں اردو کتابت کا کام تیز رفتار اور آسان ہو گیا ہے۔ یونیکوڈ سے اردو ای میل بھی روانہ کیا جاسکتا ہے۔ ان پیج کی تحریر کو پی ڈی ایف کنورٹر کی مدد سے آسانی سے دیکھا جاسکتا ہے۔ اس طرح اردو زبان بھی کمپیوٹر سے بہت حد تک ہم آہنگ ہوئی ہے۔ NCPUL فروغ اردو کا قومی ادارہ ہے جس کے تعلیمی پروگراموں سے اردو اور کمپیوٹر کو سکھایا جارہا ہے۔ ابھی کچھ دن قبل مرکزی وزیر کپل سبل نے اعلان کیا کہ: اردو کو انٹرنیٹ کے سرچ انجن گوگل کا حصہ بنایا جائے گا۔ اس سے اردو سرچ میں آسانی ہوگی۔ اور دنیا بھر میں اردو کے حوالے سے جو کچھ بھی کام ہو رہا ہے اس تک لوگوں کی رسائی ہوگی۔

تعلیمی اداروں میں انتظامی ضرورت کے لئے ٹیکنالوجی کا استعمال

ایک طرف جہاں تعلیمی معیار کو زمانے کے تقاضوں سے ہم آہنگ کرنے کے لئے ٹیکنالوجی کا استعمال کیا جارہا ہے وہیں انتظامی امور کے لئے بھی تعلیمی ادارے جدید ٹیکنالوجی کا استعمال کر رہے ہیں۔ اسکول کی سطح پر ایسا سافٹ ویر استعمال کیا جارہا ہے۔ جس کی مدد سے طالب علم کے داخلے سے لے کر اس کے اسکول چھوڑنے تک تمام ریکارڈ ایک داخلہ نمبر کے ساتھ محفوظ کیا جارہا ہے۔ اور طالب علم کی ترقی اور پیشرفت کا اندازہ لگایا جارہا ہے۔ گروپ ایس ایم ایس کے ذریعے ٹیچر بچوں کا ہوم ورک والدین کے فون پر مسیج کر رہے ہیں۔ اور اسی طرح اہم اعلانات بھی ایس ایم ایس کئے جارہے ہیں۔ طلبا کے پروگریس کارڈ اور امتحانی پرچے اور ماڈل پیپر وغیرہ بھی کمپیوٹر کی مدد سے تیار کئے جارہے

ہیں۔ ہائی اسکول اور کالج کی سطح پر اس قسم کے سافٹ ویر استعمال ہو رہے ہیں اور بڑے بڑے تعلیمی ادارے اور بورڈ بچوں کے نشانات کے میمو اور تعلیمی اسنادات کمپیوٹر کی مدد سے تیار کر رہے ہیں۔ طلباء کے لئے آن لائین داخلوں کی کونسلنگ ہو رہی ہے۔ فیس کا ادخال کور بینکنگ کے ذریعے ہو رہا ہے۔ اور طلبا کے ہال ٹکٹ اور او ایم آر بارکوڈ شیٹ بھی کمپیوٹر کی مدد سے تیار کئے جا رہے ہیں۔ اور امتحانات کے بعد نتائج کا اعلان اور مزید کاروائی بھی کمپیوٹر اور آن لائن ٹیکنالوجی کی مدد سے ہو رہی ہے۔ بعض تعلیمی ادارے اپنے اسٹاف میں وقت کی پابندی اور ڈسپلن لانے کے لئے پنچ کارڈ سسٹم شروع کئے ہیں۔ جس میں ملازمین کی دفتر میں آمد اور روانگی کا ٹائم محفوظ ہو جاتا ہے۔ پرنسپل اور ہیڈ ماسٹر سی سی کیمروں کی مدد سے اسکول اور کالج کے انتظامی امور پر نظر رکھ رہے ہیں اور پبلک ایڈریس سسٹم اور اجتماعی فون کی مدد سے رابطہ رکھ رہے ہیں۔ اس طرح تعلیمی اداروں میں انتظامی امور میں بھی ٹیکنالوجی اہم رول ادا کر رہی ہے۔ زیراکس مشین، فیاکس مشین، اسکانر، اور دیگر آلات بھی تعلیمی اداروں میں کام کی رفتار اور معیار میں فرق پیدا کر رہے ہیں۔

ٹیکنالوجی کے منفی اثرات

تعلیمی ادارے ہوں یا زندگی کا کوئی اور شعبہ ہو آج کل ٹیکنالوجی کا عمل دخل بہت بڑھ گیا ہے۔ لیکن ٹیکنالوجی کے منفی اثرات اور حدود بھی ہیں۔ سب سے پہلی بات کے ہندوستان جیسے غریب اور ترقی پذیر ملک میں جہاں کا عام آدمی روٹی کپڑے اور مکان کے لئے پریشان ہے۔ اسے ٹیکنالوجی تک رسائی حاصل کرنا مشکل ہے۔ ٹیکنالوجی مہنگی ہے۔ اور مہنگی ٹیکنالوجی کی مدد حاصل کرنا تعلیمی اداروں اور عام آدمی دونوں کے لئے مشکل ہے۔ ٹیکنالوجی کے مناسب استعمال کے لئے ماہر افراد کی بھی کمی ہے۔ اور کمپیوٹر ہو کہ پروجیکٹر سب کے چلانے کے لئے برقی کی ضرورت ہے۔ اور ہندوستان میں موسم گرما کے

بعد سے کافی عرصے تک ملک کے ہر چھوٹے بڑے شہر اور گاؤں دیہات میں برقی کٹوتی کی جارہی ہے جس کی بنا وسائل رکھنے کے باجود ٹیکنالوجی کا استعمال ممکن نہیں ہو پارہا ہے۔ اگر کوئی جنریٹر استعمال کرتا ہے تو اس کے اخراجات اور بڑھ جاتے ہیں۔ اس کے علاوہ صحت کے اعتبار سے بھی ٹیکنالوجی کے نقصانات ہیں۔ مسلسل کمپیوٹر کے استعمال سے بینائی متاثر ہو رہی ہے۔ کمر کے درد کی عام شکایت ہے بچے کھیل کود کے بجائے ویڈیو گیمس کی طرف راغب ہو رہے ہیں۔ اور بچوں پر نظر نہ رکھی جائے تو وہ انٹرنیٹ اور فون کے ذریعے فحش ویب سائیٹ تک رسائی حاصل کرتے ہوئے اپنے اخلاق اور صحت کو بگاڑ رہے ہیں۔ ایسے میں تعلیم کے میدان میں ٹیکنالوجی کا استعمال ایک بڑے طبقے کے لئے ایک خواب ہی ہے۔ ملک میں صرف دو تا دس فیصد طبقہ ہی ٹیکنالوجی کے ثمرات سے استفادہ کررہاہے۔ ابھی اس کے عام ہونے میں مناسب سرکاری پالیسی اور اس پر سنجید گی سے عمل کی ضرورت ہے۔ حکومت نے تمام طلبا کو کم قیمت کمپیوٹر آکاش دینے کا وعدہ کیا ہے۔ اس کے لئے مرکزی وزیر کپل سبل نے اعلان بھی کیا اور اقدامات بھی لیکن ابھی آکاش کمپیوٹر ملک کے عام طالب علم کی پہونچ سے دور ہی ہے۔ مجموعی طور پر تعلیم کے فروغ میں ٹیکنالوجی اہم رول ادا کررہی ہے لیکن روایتی طریقہ تعلیم بھی اپنی جگہ اہمیت کا حامل ہے دونوں میں توازن کی برقراری وقت کا اہم تقاضہ ہے۔

The use of modern technology in educational institutions. Essay by: Dr.Aslam Farooqi

***

۳

مولانا سید ابوالحسن علی ندوی کا نثری بیانیہ

حقانی القاسمی

مولانا کی شخصیت صاحبِ قِرانی تھی۔

وہ ایک درہ یکتا تھے، گوہر نایاب، جس نے سمرقند و بخارا، دمشق و بغدار، اسکندریہ و قاہرہ، شیراز و اصفہان کی مٹی سے جنم نہیں لیا تھا بلکہ ہندوستان کی مٹی سے جنم لیا جس کے سپوتوں نے عرب کی مقدس سرزمین میں جنم لینے والے دانشوروں کی بھی فکری قیادت کی۔

مولانا ابوالحسن علی ندوی اس کی ایک تابندہ مثال تھے۔ وہ پوری دنیا میں ہند کی تہذیبی، لسانی اور ثقافتی، شناخت کا کا ایک نمایاں حوالہ تھے۔ رب ذوالجلال نے انہیں قلب متقلب، مع الحق اور لسان متحلی بالصدق ودیعت فرمایا تھا، اس لئے وہ ہمیشہ سچے شبد لکھتے رہے اور بولتے رہے۔ ان کی کسی بھی تحریر یا تقریر میں مداہنت کا کوئی شائبہ تک نہیں۔ ان کی ہر ایک کتاب ایک خزانہ عامرہ اور بیش قیمت تحفہ ہے کہ دنیا کی کوئی قیمتی سے قیمتی شئے اس کی متبادل نہیں ہو سکتی۔

مولانا نجیب الطرفین تھے۔ اصلا حسنی و حسینی سید اور اس خانوادے کے چشم و چراغ جس نے ہندوستان کی فکری عظمتوں اور علمی رفعتوں سے ایک جہاں کو آشنا کرایا جس نے

اس سرزمین کے شمس و قمر کو ڈھونڈ ڈھونڈ کر عالم عرب سے متعارف کرایا اور ایک ایسی سوانحی لغت تیار کی جس کی مثال بہت کم ملتی ہے۔ ان کے والد مبرور و مغفور مولانا عبدالحئ حسنی ۸ ضخیم جلدوں پر محیط "نزہتہ الخواطر" کو علمی تاریخ اور ان کے تذکرہ "گل رعنا" کو کوئی بھی ادبی تاریخ فراموش نہیں کر سکتی۔

سید ابوالحسن علی ندوی اپنے والد مبرور کی علمی و ادبی روایت کے سچے امین وارث تھے۔ انہوں نے بھی ہندوستانی علوم و فنون میں اپنے والد مغفور کی طرح اضافے کئے اور پوری دنیا کو ایسی ایسی کتابیں دیں کہ دنیا آج بھی مولانا کی شخصیت پر غبطہ کرتی ہے۔ دینی علوم و معارف کا وہ کون سا پہلو ہے جو مولانا کی نظر سے مخفی رہا ہو۔ تصوف، تاریخ، تہذیب، ثقافت، ادب، عصری اسلامی موضوعات کونسا ایسا موضوع ہے جس پر مولانا نے نہیں لکھا اور اس کا حق نہیں ادا کیا۔

"تاریخ دعوت و عزیمت" اپنی نوعیت کی ایک ایسی ہی کتاب ہے جسے لکھنے کیلئے صدیوں کی ریاضت چاہیئے۔ مگر مولانا نے اس طرح کی بہت سی کتابیں لکھیں اور ان کتابوں نے بہتوں کی ذہنی دنیا کو بدل ڈالا۔ 'سیرت احمد شہید، ہو یا 'المرتضی،، 'پاجا سراغ زندگی، ہو یا "کاروان زندگی، یہ ایسی کتابیں ہیں جنہیں وقت کی تنا سختی گردشیں کبھی نہیں مٹا سکتیں۔ 'کر الغداۃ، اور "مر العشی، بھی اس کی رونق کو ماند نہیں کر سکتے۔

علی میاں، عربی زبان و ادب کے صاحب طرز ادیب تھے اور ان کی عظمت کا نقش عرب کے بڑے بڑے فصحا و بلغا کے ذہنوں پر قائم ہے۔ سید قطب ہوں یا انور الجندی، علی طنطاوی ہوں یا یوسف القرضاوی، شکیب ارسلان ہوں یا ناصر الدین البانی، شکری فیصل ہوں یا شیخ عبدالعزیز رفاعی، سبھی علی میاں کی فصاحت و بلاغت لسانی کے اسیر ہیں۔

مولانا علی میاں اردو کے بھی ایک صاحب طرز انشا پرداز تھے۔ وہ کون سی صنف

ہے جس میں مولانا ابوالحسن ندوی نے اشہب قلم دوڑائے۔ کونسا ایسا موضوع ہے جسے ان کا قلم چھو کر نہ گزرا۔ انہوں نے سفر نامے لکھے تو ایسے کہ ابن بطوطہ اور ابن جبیر کی یاد تازہ ہو جائے اور خاکے لکھے تو ایسے کہ کیا کوئی اردو کا سقراط اور بقراط لکھے گا اور خودنوشت لکھی تو ایسی کہ پڑھنے والے کے دل میں ویسی ہی زندگی جینے کی تمنا جاگ اٹھی۔

مولانا علی میاں، نام نہاد ماہرین اقبالیات سے کہیں زیادہ بڑے اقبال شناس تھے۔ اقبالیات کے ضمن میں ان کا جو کارنامہ ہے وہ لازوال ہے۔ اقبال کے افکار کی تفہیم صحیح معنوں میں وہی کر سکتا ہے جس کے ذہن کی جڑوں میں اسلامی فکری روایت بھی شامل ہو۔ جو اسلام کے متحرک، انقلابی عناصر کو سمجھتا ہو۔ جس نے اسلام کا کلی طور پر مطالعہ کیا ہو۔ علامہ اقبال کی فکری شخصیت کو مولانا نے ہی صحیح تناظر میں سمجھا اور عرب دنیا کے سامنے ان کے افکار اس طرح پیش کئے کہ عالم عرب بھی علامہ اقبال کا والہ و شیدا ہو گیا، پھر عبدالوہاب عزام اور صاوی علی شعلان نے اقبال شناسی کے دائرے کو اتنی وسعت بخشی کہ عرب کی فضا اقبال کے نغموں سے گونجنے لگی۔ از ساحل نیل تا بخاک کا شغر اقبال کے مسجد قرطبہ کی سمفنی گونجتی رہی۔ مرحوم رشید احمد صدیقی نے مولانا کی اقبال شناسی کا اعتراف کرتے ہوئے کس قدر بلیغ رمز استعمال کیا ہے:

"مولانا پہلے عالم دین ہیں جس نے موجودہ صدی کی اردو شاعری کے سب سے بڑے نمائندے اور عظیم شاعر شاعر اقبال کی شخصیت اور شاعری کا مطالعہ غیر معمولی شوق اور بصیرت سے کیا ہے ورنہ بیشتر علماء ہر جدید کو بالعموم مشتبہ، ورنہ بڑی احتیاط سے دیکھنے کی طرف مائل رہے ہیں۔"

دراصل اقبال کے شاہین یعنی انقلاب و تحریک کے استعارہ کو مولانا نے ہی اس کی

مکمل معنویت کے ساتھ سمجھا اور اپنی تحریروں میں پیش کیا۔ ان کی ہر تصنیف میں یہ شاہین زیریں سطح پر ضرور موجود ہوتا ہے۔ 'نقوش اقبال" کی ایک ایسی کتاب ہے جو اقبالیات پر محض ایک اضافہ نہیں بلکہ اقبال شناسی میں ایک سنگ میل کی حیثیت رکھتی ہے۔ اقبال کے جملہ فکری عناصر کی تفہیم کا حق انہوں نے ادا کر دیا اور ایسا مولانا ہی کر سکتے تھے کہ وہ مواہب لدنیہ سے معمور تھے۔

علامہ اقبال کی طرح مولانا ابوالحسن علی میاں ندوی بھی مغربی طوفان کیلئے ایک چٹان کی مانند تھے۔ مولانا کی شخصیت میں مشرقی تہذیب، ثقافت اور علوم کی جڑیں بہت مضبوط تھیں اور انہیں مشرقی تہذیب و ثقافت کی رفعت اور عظمت پر اتنا یقین تھا کہ مغرب کو در خور اعتنا نہیں سمجھتے تھے۔ مغربیت اور مادیت پرستی کے خلاف مولانا نے قلمی جہاد ہی نہیں بلکہ عملی جہاد بھی شروع کر دیا تھا۔ مولانا جانتے تھے کہ مغربی تہذیب کی یلغار، مشرق کے فکری ایوانوں کو تہس نہس کر دے گی، اس لئے انہوں نے مکمل مزاحمت اور مقاومت کے ساتھ مغربی تہذیب کے خلاف لکھا اور عالم عرب کو بھی اس تہذیب کے دلدل سے نکالا۔

مولانا کا ادبی ذوق انتہائی شستہ اور شائستہ تھا۔ ادب کا باضابطہ مطالعہ ان کے روزہ مرہ کے معمول میں شامل تھا۔ ان کی تحریروں میں میر، غالب، مومن، فیض، جگر کے اشعار چمکتے ہوئے نظر آتے ہیں۔ مولانا کے اظہار و بیان کی جمالیات میں دراصل بہت کچھ حصہ عالمی ادبیات سے آشنائی کا بھی ہے۔ وہ اس نثری اسلوب کے موئد ہیں جو اسلوب 'ہندوستان میں جنم لینے والے پہلے یونانی مفکر علامہ شبلی نعمانی، کا تھا۔ ان کے الفاظ میں شوکت و جلال اور رعنائی و جمال کا بہت ہی خوبصورت وصال نظر آتا ہے۔ ان کی تحریر صرف جادو نہیں جگاتی بلکہ ذہنوں کے بند در یچوں کو بھی وا کرتی ہے۔ ان کی تحریر میں

فکشن کے سارے تشکیلی و ترکیبی عناصر موجود ہیں۔ اگر میں انہیں اردو کا ایک بڑا فکشن رائٹر، کہوں تو شاید غلط نہ ہو۔ ان کے باطن میں ایک بہت بڑا افسانہ نگار چھپا بیٹھا تھا اور وہ اپنی ہر تحریر میں بڑی خوبصورت منظر نگاری کرتے تھے۔ ماضی کے واقعات کی بعینہ ایسی تصویر کھینچتے تھے جیسے وہ خود اس واقعہ کے چشم دید گواہ رہے ہوں۔

اپنی ایک تحریر میں میدان عرفات کا نقشہ کھینچتے ہوئے انہوں نے جو منظر نگاری کی ہے اس سے ان کی قوت متخیلہ اور لسانی ادارک کا تو اندازہ ہوتا ہی ہے، ساتھ ہی قرأت کے عمل سے گذرتے ہوئے قاری عصر حاضر سے اس خیر القرون میں پہنچ جاتا ہے جس میں اس واقعہ کا ظہور ہوا تھا۔ ان کے اظہار و بیان کی جمالیات کا ایک نمونہ دیکھئے:

"اسی طرح سے میدان عرفات کو تصور کیجئے۔ ایک لاکھ چوبیس ہزار کفن بردوش انسانوں کا مجموع ہے۔ لبیک کی صداؤں اور حجاج کی دعاؤں سے فضا گونج رہی ہے۔ خدا کی شان بے نیازی اور عظمت و جبروت کا نقشہ سامنے ہے۔ انسانوں کے اس جنگل میں ایک برہنہ سر، احرام پوش ایسا بھی (فداہ امی وامی) ہے جس کے کاندھوں پر ساری انسانیت کا بار ہے، جو ہر دیکھنے والے سے زیادہ خدا کی عظمت و جلال کا مشاہدہ کر رہا ہے اور ہر جاننے والے سے زیادہ انسانوں کی درماندگی، بے حقیقتی اور بے بسی سے واقف ہے۔ اس پر تاثیر اور ہیبت فضا میں اس کی آواز بلند ہوتی ہے اور سننے والے سنتے ہیں:۔

اے اللہ! تو میری سنتا ہے اور میری جگہ کو دیکھتا ہے اور میرے پوشیدہ اور ظاہر کو جانتا ہے۔ تجھ سے میری کوئی بات چھپی نہیں رہ سکتی۔ میں مصیبت زدہ ہوں، محتاج ہوں، فریادی ہوں، پناہ جو ہوں، پریشان ہوں، ہراساں ہوں، اپنے گناہوں کا اعتراف کرنے والا ہوں۔ تیرے آگے سوال کرتا ہوں، جیسے بے کس سوال کرتے ہیں۔ تیرے آگے گڑگڑاتا ہوں جیسے گنہگار ذلیل و خوار گڑگڑاتا ہے تجھ سے طلب کرتا ہوں، جیسے خوف

زدہ آفت رسیدہ طلب کرتا ہے اور جیسے وہ شخص طلب کرتا ہے جس کی گردن تیرے سامنے جھکی ہو اور اس کے آنسو بہہ رہے ہوں اور تن بدن سے وہ تیرے آگے فروتنی کیے ہو اور وہ اپنی ناک تیرے سامنے رگڑ رہا ہو۔ اے اللہ! تو مجھے اپنے سے دعا مانگنے میں ناکام نہ رکھ اور میرے حق میں بڑا مہربان اور رحم کرنے والا ہو جا۔ اے سب مانگے جانے والوں سے بہتر، اے سب دینے والوں سے اچھے۔

کیا خدا کی کبریائی اور عظمت اور اپنی توانائی اور بے نوائی، فقر و احتجاج، عجز و مسکنت کے اظہار و اقرار کیلئے اور رحمت خداوندی کے جوش میں لانے کیلئے ان سے زیادہ پر اثر، پر خلوص اور دل نشین الفاظ انسان کے کلام میں مل سکتے ہیں اور اپنے دل کی کیفیت اور عجز و مسکنت کا نقشہ اس سے بہتر کھینچا جا سکتا ہے؟ یہ الفاظ تو دریائے رحمت میں تلاطم پیدا کرنے کیلئے کافی ہیں۔ آج بھی ان کو ادا کرتے ہوئے دل امڈ آتا ہے۔ انکھیں آشکبار ہو جاتی ہیں اور رحمت خداوندی صاف متوجہ معلوم ہوتی ہے۔ رحمۃ للعالمینؐ پر اللہ کی ہزاروں رحمتیں ہوں کہ ایسی پر کیف اور اثر آفریں دعا امت کو سکھا گئے اور باب رحمت پر اس طرح دستک دینا بتا گئے "۔

یہ سلسبیلی نثر ہے۔ زلال سے زیادہ شیریں اور مٹھاس اس قدر کی طبر زد اور کعب الغزال بھی رشک کرنے لگیں۔ محولہ بالا عبارت میں اتنی مقناطیسی کشش ہے کہ انسان کے پورے ذہنی وجود کو اپنی طرف کھینچ لیتی ہے۔ اور سچ کہوں تو مولانا کی ہر تحریر ایسی ہوتی ہے۔ رات کے اندھیروں میں سورج کی طرح چمکتی ہے اور دن کے اجالوں میں شجر سایہ دار بن جاتی ہے۔ مجھے ایسی آگ اور ایسی روشنی بہت کم مذہبی تحریروں میں نظر آتی ہے۔ ان کی تحریر ہر مومن کے قلب میں قندیل روشن کرتی ہے، گو کہ ان کے اسلوب تحریر کے بارے میں اردو کے ایک بڑے نقاد ظ. انصاری مرحوم کا کہنا ہے کہ:

مولانا کے یہاں Wording زیادہ ہے، بے جا طوالت ہے اور یہ بات صحیح بھی ہے، مگر خاکسار کا خیال ہے کہ "ایضاح المطالب" کیلئے ہی انہوں نے ایسے اسلوب کو اختیار کیا ہوگا۔ ان کا جو اصلاحی مشن ہے اس کیلئے یہی اسلوب شاید موزوں ہے، اس لئے مولانا کی تحریر میں اگر گہر کے بجائے خزف زیرے بھی نظر آئیں تو ہم جیسوں کیلئے وہ شذرات الذہب ہیں۔ ان کی تحریر میں جو دلکشی اور رعنائی ہوتی ہے، اس پر سبھی فدا ہیں۔ ان کے بیان میں بلاغت، سلاست اور فصاحت ہوتی ہے اور اس میں علوم و معارف کا دریا بھی موجزن رہتا ہے۔

The narrative writings of Ali miyaN Nadvi. Essay:

Haqqani Al-Qasmi

***

۴

اردو زبان کے چند اہم قواعد و تعریفات

تعمیر نیوز بیورو

حمد :

نظم جس میں اللہ کی تعریف ہو

نعت :

رسول اکرم (صلی اللہ علیہ وسلم) کی تعریفی نظم

قصیدہ / منقبت:

کسی بھی شخصیت کی توصیفی نظم

مثنوی :

چھوٹی بحر کی نظم جسکے ہر شعر کے دونوں مصرعے ہم قافیہ ہوں اور ہر شعر کا قافیہ الگ ہو۔

مرثیہ :

موت پہ اظہارِ رنج کی شاعری کی نظم

غزل :

عورتوں کی شاعری عشق، حسن و جمال و ہجر و فراق پہ شاعری

نظم:

ایک ہی مضمون والی مربوط شاعری

قطعہ:

بغیر مطلع کے دو یا دو سے زیادہ اشعار جس میں ایک ہی مضمون کا تسلسل ہو

رباعی:

چار مصرعوں کی نظم جسکا پہلا دوسرا اور چوتھا مصرعہ ہم قافیہ ہوں۔

مخمس:

وہ نظم جسکے بند پانچ پانچ مصرعوں کے ہوں

مسدس:

وہ نظم جسکے ہر بند کے چھے مصرعے ہوں

داستان:

کہانی کی قدیم قسم

ناول:

مسلسل طویل قصہ جس کا موضوع انسانی زندگی ہو اور کردار متنوع ہوں

افسانہ:

مختصر کہانی

ڈرامہ:

کہانی جسکو اسٹیج پہ کرداروں کی مدد سے پیش کیا جائے

انشائیہ:

ہلکا پھلکا مضمون جس میں زندگی کے کسی موضوع کو لکھا جائے

خاکہ:

کسی شخصیت کی مختصر مگر جامع تصویر کشی

مضمون:

کسی معین موضوع پہ خیالات و محسوسات

آپ بیتی:

خود نوشت و سوانح عمری

سفر نامہ:

سفری واقعات و مشاہدات

مکتوب نگاری:

خط لکھنا

سوانح عمری:

کسی عام یا خاص شخص کی حیات کا بیانیہ بتفصیل۔۔۔۔۔۔

اسم نکرہ کا مفہوم:

وہ اسم جو غیر معین شخص یا شے (اشخاص یا اشیا) کے معانی دے اسم نکرہ کہلاتا ہے۔

یا

وہ اسم جو کسی عام جگہ، شخص یا کسی چیز کے لئے بولا جائے اسم نکرہ کہلاتا ہے اس اسم کو اسم عام بھی کہتے ہیں۔

اسم نکرہ کی اقسام

اسم ذات

اسم حاصل مصدر

اسم حالیہ

اسم فاعل

اسم مفعول

اسم استفہام

(۱)

اسم ذات:

اسم ذات اُس اسم کو کہتے ہیں جس کے ذریعے کسی چیز کی تمیز دوسری چیزوں سے کی جائے۔

یا

وہ اسم جس میں ایک چیز کی حقیقت یا اصلیت کو دوسری چیز سے الگ سمجھا جائے اسم ذات کہلاتا ہے۔

اسم ذات کی مثالیں

۱۔ قلم، دوات ۲۔ صبح، شام ۳۔ ٹیلی فون، میز ۴۔ پروانہ، شمع ۵۔ بکری، گائے ۶۔ پنسل، ربڑ ۷۔ مسجد، کرسی ۸۔ کتاب، کاغذ ۹۔ گھڑی، دیوار ۱۰۔ کمپیوٹر، ٹیلی ویژن وغیرہ

اشعار کی مثالیں

زندگی ہو میرے پروانہ کی صورت یارب علم کی شمع سے ہو مجھ کو محبت یارب

صبح ہوتی ہے شام ہوتی ہے

عمر یوں ہی تمام ہوتی ہے

اسم ذات کی اقسام

۱۔اسم تصغیر ۲۔اسم مکبر ۳۔اسم ظرف ۴۔اسم آلہ ۵۔اسم صوت

۱۔اسم تصغیر (اسم مصغر کا مفہوم)

وہ اسم جس میں کسی نام کی نسبت چھوٹائی کے معنی پائے جائیں اسم تصغیر یا اسم مصغر کہلاتا ہے۔

یا

اسم تصغیر وہ اسم ہے جس میں چھوٹا ہونے کے معنی پائے جائیں تصغیر کے معنی چھوٹا کے ہیں۔

یا

اسم تصغیر وہ اسم ہے جس میں کسی چیز کا چھوٹا ہونا ظاہر ہو۔

اسم تصغیر یا اسم مصغر کی مثالیں

گھر سے گھروندا، بھائی سے بھیا، دُکھ سے دُکھڑا، صندوق سے صندوقچہ، پنکھ سے پنکھڑی، دَر سے دَریچہ وغیرہ

۲۔اسم مکبر

وہ اسم ہے جس میں کسی چیز نسبت بڑائی کے معنی پائے جائیں اسم مکبر کہلاتا ہے۔

یا

اسم مکبر وہ اسم ہے جس میں بڑائی کے معنی پائے جائیں، کبیر کے معنی بڑا کے ہوتے ہیں۔

یا

اسم مکبر اس اسم کو کہتے ہیں جس میں بڑائی کے معنی ظاہر ہوں۔

اسم مکبر کی مثالیں

لاٹھی سے لٹھ، گھڑی سے گھڑیال، چھتری سے چھتر، راہ سے شاہراہ، بات سے بتنگڑ، زور سے شہ زور وغیرہ

۳۔ اسم ظرف

اسم ظرف اُس اسم کو کہتے ہیں جو جگہ یا وقت کے معنی دے۔

یا

ظرف کے معنی برتن یا سمائی کے ہوتے ہیں، اسم ظرف وہ اسم ہوتا ہے جو جگہ یا وقت کے معنی دیتا ہے۔

اسم ظرف کی مثالیں

باغ، مسجد، اسکول۔ صبح، شام، آج، کل وغیرہ

اسم ظرف کی اقسام

اسم ظرف کی دو اقسام ہیں

اسم ظرف زماں

اسم ظرف مکاں

۱۔ اسم ظرف زماں

اسم ظرف زماں وہ اسم ہوتا ہے جو کسی وقت (زمانے) کو ظاہر کرے

یا

ایسا اسم جو وقت یا زمانے کے معنی دے اسم ظرف زماں کہلاتا ہے۔

اسم ظرف زماں مثالیں

سیکنڈ، منٹ، گھنٹہ، دن، رات، صبح، شام، دوپہر، سہ پہر، ہفتہ، مہینہ، سال، صدی، آج، کل، پرسوں، ترسوں وغیرہ

۳-اسم ظرف مکاں

اسم ظرف مکاں وہ اسم ہے جو جگہ یا مقام کے معنی دے۔

یا

وہ اسم جو کسی جگہ یا مقام کے لئے بولا جائے اُسے اسم ظرف مکاں کہتے ہیں۔

اسم ظرف مکان کی مثالیں

مسجد، مشرق، میدان، منڈی، سکول، زمین، آسمان، مدرسہ، وغیرہ

۴۔اسم آلہ

اُس اسم کو کہتے ہیں جو کسی آلہ یا ہتھیار کا نام ہو۔

یا

اسم آلہ وہ اسم ہے جو کسی آلہ یا ہتھیار کے لئے بولا جائے۔

یا

اسم آلہ اُس اسم کو کہتے ہیں جو کسی آلہ یا ہتھیار کا نام ہو، آلہ کے معنی اوزار یا ہتھیار کے ہوتے ہیں۔

اسم آلہ کی مثالیں

گھڑی، تلوار، چُھری، خنجر، قلم، توپ، چھلنی وغیرہ

۵۔اسم صوت

وہ اسم جو کسی انسان، حیوان یا بے جان کی آواز دے اسم صوت کہلاتا ہے۔

یا

اسم صوت وہ اسم ہے جو کسی جاندار یا بے جان کی آواز کو ظاہر کرے۔

یا

ایسا اسم جو کسی جاندار یا بے جان کی آواز کو ظاہر کرے اسم صوت کہلاتا ہے، صوت کے معنی آواز کے ہوتے ہیں۔

اسم صوت کی مثالیں

کُٹ کُٹ مرغی کی آواز، چوں چوں چڑیا کی آواز، غٹر غوں کبوتر کی آواز، ککڑوں کوں مرغے کی آواز، کائیں کائیں کوے کی آواز وغیرہ

(۲)

اسم حاصل مصدر:

ایسا اسم جو مصدر سے بنا ہو اور جس میں مصدر کے معانی پائے جائیں اسم حاصل مصدر کہلاتا ہے۔

یا

وہ اسم جو مصدر نہ ہو لیکن مصدر کے معنی دے حاصل مصدر کہلاتا ہے۔

یا

وہ اسم جس میں مصدر کے معانی پائے جائیں یعنی جو مصدر کی کیفیت کو ظاہر کرے اسم حاصل مصدر کہلاتا ہے۔

اسم حاصل مصدر کی مثالیں

مثلاً: چہکنا سے چہک، ملنا سے ملاپ، پڑھنا سے پڑھائی، چمکنا سے چمک، گبھرانا سے گبھراہٹ، پکڑنا سے پکڑ، چمکنا سے چمک، سجانا سے سجاوٹ وغیرہ۔

(۳)

اسم حالیہ

اسم حالیہ اُس اسم کو کہتے ہیں جو کسی فائل یا مفعول کی حالت کو ظاہر کرے۔

اسم حالیہ کی مثالیں

ہنستا ہوا، ہنستے ہنستے، روتا ہوا روتے روتے، گاتا ہوا، ٹہلتا ہوا، مچلتا ہوا، دوڑتا ہوا،

(۴)

اسم فاعل

ایسا اسم جو کسی کام کرنے والے کو ظاہر کرے اسم فائل کہلاتا ہے۔

یا

وہ اسم جو کسی کام کرنے والے کی جگہ استعمال ہو اسم فائل کہلاتا ہے۔

یا

وہ اسم جو کسی کام کرنے والے کو ظاہر کرے اور مصدر سے بنے اسم فائل کہلاتا ہے۔

اسم فاعل کی مثالیں

لکھنا سے لکھنے والا، دیکھنا سے دیکھنے والا، سننا سے سننے والا، پڑھنا سے پڑھنے والا، رونا سے رونے والا وغیرہ۔

عربی کے اسم فاعل

اُردو میں عربی کے اسم فاعل استعمال ہوتے ہیں، جو عربی کے وزن پر اتے ہیں۔

عربی کے اسم فاعل کی مثالیں:

عالم (علم والا)، قاتل (قتل کرنے والا)، حاکم (حکم دینے والا) وغیرہ۔

فارسی کے اسم فاعل کی مثالیں

باغبان، ہوا باز، کاریگر، کارساز، پرہیز گار وغیرہ۔

اسم فائل کی اقسام

اسم فائل کی مندرجہ ذیل اقسام ہیں

اسم فاعل مفرد

اسم فائل مرکب

اسم فائل قیاسی

اسم فائل سماعی

ا۔ اسم فائل مفرد

اسم فائل مفرد وہ اسم ہوتا ہے جو لفظِ واحد کی صورت میں ہو لیکن اُس کے معنی ایک سے زیادہ الفاظ پر مشتمل ہوں۔

مثالیں

ڈاکو (ڈاکا ڈالنے والا)، ظالم (ظلم کرنے والا)، چور (چوری کرنے والا)، صابر (صبر کرنے والا)۔ رازق (رزق دینے والا) وغیرہ

۲۔ اسم فائل مرکب

ایسا اسم جو ایک سے زیادہ الفاظ کے مجموعے پر مشتمل ہو اسے اسم فائل مرکب کہتے ہیں۔

مثالیں

جیب کترا، بازی گر، کاریگر، وغیرہ

۳۔ اسم فائل قیاسی

ایسا اسم جو مصدر سے بنے اُسے اسم فائل قیاسی کہتے ہیں۔

مثالیں

کھانا سے کھانے والا، سونا سے سونے والا، آنا سے آنے والا، دوڑنا سے دوڑنے والا

وغیرہ

۴۔اسم فائل سماعی

ایسا اسم فائل جو مصدر سے کسی قاعدے کے مطابق نہ بنا ہو، بلکہ اہلِ زبان سے سننے میں آیا ہو، اُسے اسم فائل سماعی کہتے ہیں۔

مثالیں

شتربان، فیل بان، گویا، بھکاری، جادو گر، گھسیارا، پیغامبر، وغیرہ

فاعل اور اسم فاعل میں فرق

۱-فاعل

فاعل ہمیشہ جامد اور کسی کام کرنے والے کا نام ہوتا ہے

مثالیں

حامد نے اخبار پڑھا، عرفان نے خط لکھا امجد نے کھانا کھایا، اِن جملوں میں حامد، عرفان اور امجد فاعل ہیں۔

۲-اسم فاعل

اسم فاعل ہمیشہ یا تو مصدر سے بنا ہوتا ہے۔

مثالیں

لکھنا سے لکھنے والا، پڑھنا سے پڑھنے والا، کھانا سے کھانے والا، سونا سے سونے والا یا پھر اس کے ساتھ کوئی فاعلی علامت پائی جاتی ہے۔ مثلا پہرادار، باغبان، کارساز، وغیرہ

(۵)

اسم مفعول

ایسا اسم جو اُس شخص یا چیز کو ظاہر کرے جس پر کوئی فعل (کام) واقع ہوا ہو اسم

مفعول کہلاتا ہے۔

یا

جو اسم کسی شخص، چیز یا جگہ کی طرف اشارہ کرے جس پر کوئی فعل یعنی کام واقع ہوا ہو اُسے اسم مفعول کہا جاتا ہے۔

اسم مفعول کی مثالیں

دیکھنا سے دیکھا ہوا، سونا سے سویا ہوا، رونا سے رویا ہوا، جاگنا سے جاگا ہوا، پڑھنا سے پڑھا ہوا، سُننا سے سُنا ہوا، وغیرہ۔

اللہ مظلوم کی مدد کرتا ہے، وقت پر بویا گیا بیج آخر پھل دیتا ہے، رکھی ہوئی چیز کام آجاتی ہے، اِن جملوں میں مظلوم، بویا ہوا، رکھی ہوئی اسم مفعول ہیں۔

عربی کے اسم مفعول

عربی میں جو الفاظ مفعول کے وزن پر آتے ہیں، اسم مفعول کے طور پر استعمال ہوتے ہیں۔

مثالیں

مظلوم، مقتول، مخلوق، مقروض، مدفون وغیرہ

اسم مفعول کی اقسام

اسم مفعول کی دو اقسام ہیں

اسم مفعول قیاسی

اسم مفعول سماعی

ا۔ اسم مفعول قیاسی

ایسا اسم جو قاعدے کے مطابق مصدر سے بنا ہو اسم مفعول قیاسی کہلاتا ہے۔

یا

ایسا اسم جو مقررہ قاعدے کے مطابق بنایا جائے اُسے اسم مفعول قیاسی کہتے ہیں اور اِس اسم کے بنانے کا طریقہ یہ ہے کہ ماضی مطلق کے بعد لفظ "ہوا" بڑھا لیتے ہیں۔

مثالیں : کھانا سے کھایا ہوا، سونا سے سویا ہوا، جاگنا سے جاگا ہوا، رکھنا سے رکھا ہوا، پڑھنا سے پڑھا ہوا، وغیرہ

۲۔ اسم مفعول سماعی

ایسا اسم جو مصدر سے کسی قاعدے کے مطابق نہ بنے بلکہ اہلِ زبان سے سننے میں آیا ہو اُسے اسم مفعول سماعی کہتے ہیں۔ سماعی کے معنی سنا ہوا کے ہوتے ہیں۔

یا

ایسا اسم جو کسی قاعدے کے مطابق نہ بنا ہو بلکہ جس طرح اہلِ زبان سے سنا ہو اسی طرح استعمال ہو اسے اسم مفعول سماعی کہتے ہیں۔

مثالیں : دِل جلا، دُم کٹا، بیاہتا، مظلوم، وغیرہ

فارسی کے اسم مفعول سماعی

دیدہ (دیکھا ہوا)، شنیدہ (سنا ہوا)، آموختہ (سیکھا ہوا) وغیرہ

عربی کے اسم مفعول سماعی

مفعول کے وزن پر، مقتول، مظلوم، مکتوب، محکوم، مخلوق وغیرہ

مفعول اور اسم مفعول میں فرق

۱۔ مفعول

مفعول ہمیشہ جامد ہوتا ہے اور اُس چیز کا نام ہوتا ہے جس پر کوئی فعل (کام) واقع ہوا ہو۔

مثالیں

عرفان نے اخبار پڑھا، فصیح نے خط لکھا، ثاقب نے کتاب پڑھی، اِن جملوں میں اخبار، خط اور کتاب مفعول ہیں۔

۲-اسم مفعول

اسم مفعول ہمیشہ قاعدے کے مطابق مصدر سے بنا ہوتا ہے۔

مثالیں : سونا سے سویا ہوا، کھانا سے کھایا ہوا، پڑھنا سے پڑھا ہوا وغیرہ،

عربی میں مفعول کے وزن پر آتا ہے: مظلوم، مخلوق، مکتوب وغیرہ،

یا پھر : فارسی مصدر سے بنتا ہے جیسے شنیدن سے شنیدہ، آموختن سے آموختہ وغیرہ

(۶)

اسم استفہام

اسم استفہام اُس اسم کو کہتے ہیں جس میں کچھ سوال کرنے یا معلوم کرنے کے معنی پائے جائیں۔

اسم استفہام کی مثالیں

کون، کب، کہاں کیسے، کیوں، وغیرہ۔

Some definitions of Urdu grammar

* * *

۵

ترجمے کے رموز

رضا علی عابدی

جن لوگوں نے انگریزی بہت پڑھی ہو اور انہیں اردو پر بھی عبور حاصل ہو وہ اگر یہ سمجھتے ہیں کہ قلم اٹھائیں گے اور ترجمہ شروع کر دیں گے، وہ یہ خیال ذہن سے نکال دیں۔ ترجمے کا فن سب سے الگ ہے اور بڑی مشقت اور ریاضت مانگتا ہے۔

اس بات کو اس ذرا سی بات سے سمجھ لیجیے کہ In کا مطلب اندر اور Out کا مطلب باہر ہونا ضروری نہیں۔

ترجمہ زبان کا نہیں بلکہ تہذیب کا ہوتا ہے۔ ہر زبان کے اپنے بندھن اور اپنی پابندیاں ہوتی ہیں، ترجمہ کرتے وقت ایک تہذیب اور ایک ثقافت کو جدا تہذیب اور ثقافت میں منتقل کرنا ہوتا ہے۔

میں اکثر کہا کرتا ہوں کہ ترجمہ ایک ایسا پرندہ ہے جو ایک زبان سے اڑان بھرتا ہے، راہ میں اس زبان کا چولا اتار کر نیا چولا پہن کر دوسری زبان کی شاخ پر اترتا ہے۔

میں یہ بھی کہتا ہوں کہ Translation کچھ نہیں ہوتا، دراصل یہ Transformation ہوتا ہے۔ انگریزی اصطلاحیں لکھنے کے لئے معذرت خواہ ہوں۔

انگریزی اور اردو قواعد میں زمین و آسمان کا فرق ہے۔ یوں سمجھ لیجیے کہ انگریزی

میں آسمان نیچے اور زمین اوپر ہے۔ کہنے میں یہ بات عجیب لگتی ہے مگر حقیقت یہی ہے کہ انگریزی جملے کی ساخت میں سب سے ضروری بات پہلے اور سب سے کم ضروری بات جملے کے آخر میں آتی ہے۔ اردو میں یوں نہیں ہوتا۔ مثال دیکھیے:

Ten People were Killed in an explosion in Baghdad this morning

لفظی ترجمہ یوں ہو گا: دس افراد مارے گئے، ایک دھماکے میں بغداد میں آج صبح۔

اس ترجمے پر دنیا ہنسے گی، لہٰذا ہم جملے کو الٹ دینے پر مجبور ہیں:

بغداد میں آج صبح ایک دھماکے میں دس افراد ہلاک ہو گئے۔

انگریزی میں سرخی ہو گی:

Ten People Killed in Baghdad

اردو میں سرخی یوں لگے گی: بغداد میں دس افراد ہلاک

اس کا کوئی علاج ہے؟ لوگ پوچھتے ہیں۔

اس کا علاج چھوٹے جملوں میں ہے۔ میں بتاتا ہوں۔ مثلاً:

"بغداد میں دس افراد مارے گئے۔ اطلاع یہ ہے کہ آج صبح وہاں ایک دھماکہ ہوا تھا۔"

لیکن لفظ "تھا" لگتے ہی خبر پر قدامت کا رنگ چھائے گا، لہٰذا مجبوری کی صورت میں یوں ہو سکتا ہے:

"بغداد میں آج صبح ایک دھماکے میں دس افراد ہلاک ہوئے ہیں۔"

خبروں میں صیغۂ ماضی سے گریز کیا جائے تو اچھا ہے۔ صیغۂ حال خبر کے تازہ ہونے کا احساس دلاتا ہے۔ اردو اخباروں کو اس کی عادت نہیں لیکن عادت بدلنے میں کسی کا کیا جاتا ہے؟

ترجمے کے بارے میں ایک بات بنیادی ہے۔ انگریزی سے اردو میں ترجمہ کی ہوئی عبارت میں کبھی کبھی صاف محسوس ہوتا ہے کہ یہ انگریزی سے ترجمہ ہے۔ ہمارے بعض رپورٹر اپنی خبریں انگریزی میں لکھتے ہیں جو برادر اخبار کے لیے اردو میں ترجمہ کی جاتی ہیں اور جن کا ایک ایک فقرہ بتارہا ہوتا ہے کہ یہ ترجمہ ہیں اور یہ کہ مترجم اناڑی ہے۔

اس سے بچنا ضوری ہے اور یہی ترجمے کی خوبی ہے۔

ترجمے میں اصطلاح سازی ضرور ہونا چاہئے۔ جو اصطلاحیں رائج ہیں ان کا احترام کیا جانا چاہئے۔ بعض ایک عربی، فارسی یہاں تک کہ ہندی سے بھی اٹھائی جاسکتی ہیں، مثلاً: Subsidy کا ترجمہ 'زرِ تلافی' فارسی لغت سے ملا اور رائج ہو گیا لیکن Ransom کا اتنا ہی عمدہ ترجمہ 'زرِ خلاصی' بھی وہیں سے ملا لیکن اس نے رواج نہیں پایا۔

Fundamentalism کا ترجمہ 'بنیاد پرستی' وضع کرنا پڑا۔ Militant کا ترجمہ شدت پسند ٹھہرا۔ کچھ لوگ عسکریت پسند بھی کہنے لگے ہیں۔

Progress کا ترجمہ پیش رفت پہلے پہل راولپنڈی کے ایک اخبار کی سرخی میں نمودار ہوا تھا، فوراً قبول کر لیا گیا۔ Haven کا ترجمہ بہشت نہیں، کمیں گاہ یا جائے پناہ ہوتا ہے۔ Peace Process کا ترجمہ 'امن عمل' مجھے قبول نہیں کیونکہ کانوں کو بھلا نہیں لگتا۔ اس طرح anti-goverment کا ترجمہ 'حکومت مخالف مظاہرے' طبیعت پر گراں گزرتا ہے۔

ترجمے میں ایسا بارہا ہوتا ہے کہ مثال کے طور پر بارہ الفاظ کا انگریزی فقرہ اردو میں ترجمہ ہو کر سات الفاظ کا رہ جاتا ہے۔ اگر کبھی اس کے برعکس صورتحال پیدا ہو جائے تو یوں بھی صحیح۔ 'قیام امن کا عمل' اور 'حکومت کے خلاف مظاہرے' لکھنے میں کوئی بڑا نقصان تو نہیں۔

ایک اور ضروری بات:

ترجمہ کرتے ہوئے ڈکشنری دیکھنے میں شرمندگی کی کوئی بات نہیں۔ بہت ممکن ہے اس میں زیادہ مناسب لفظ مل جائے۔ اس کے علاوہ جس ادارے میں کئی لوگ بیٹھے لکھ رہے یا ترجمہ کر رہے ہوں، وہاں اپنے ساتھیوں سے مدد مانگنا ذرا بھی معیوب نہیں۔ یہ بات اس لیے بھی ضروری ہے کہ بعض اداروں کی اپنی مخصوص اصطلاحات اور ترکیبیں ہوتی ہیں اور عملے کے ہر فرد کے لیے بہتر ہوتا ہے کہ ادارے کا مخصوص انداز اختیار کرے۔ میں کبھی ڈکشنری دیکھتا ہوں تو اپنے ساتھیوں کو بتا دیتا ہوں کہ اس ترجمے پر عدالت میں طلبی ہو سکتی ہے۔

کہیں انگریزی یا یورپین لفظ استعمال کرنا پڑے تو بہتر ہے کہ اسی زبان کے تلفظ میں کیا جائے مثلاً grand prix کو 'گراں پری' لکھا جائے۔ جیسا یہ لفظ نظر آرہا ہے ویسا لکھا گیا تو نہایت معیوب ہو گا۔

تلفظ کی بات آگئی تو اب ہم اس پر نہایت اہم موضوع کی طرف آتے ہیں۔ اردو میں ہندی کی طرح ماترائیں نہیں ہوتیں، نہ ہی زیر زبر لگانے کا رواج ہے۔ اس لیے بارہا لوگ غلط تلفظ کرتے ہیں۔ اگلا باب سارا کا سارا اسی بارے میں ہے۔ امید ہے اس سے بہتوں کا بھلا ہو گا۔

The codes of translation. Essay: Raza Ali Abidi

***

۶

مطالعہ - اہمیت طریقہ کار اور تقاضے

ثناء اللہ صادق تیمی

جامعہ امام ابن تیمیہ کے طلبا و طالبات کے سامنے دیے گئے ثناء اللہ صادق تیمی کے لیکچر کو مقالہ نگار کے رفیق درس اور عزیز دوست مولانا آصف تنویر تیمی مدنی نے اپنی یادداشت سے تحریری شکل دے دی ہے۔ کہیں کہیں بطور خاص کتابوں کے ذکر میں انہوں نے اضافہ سے بھی کام لیا ہے۔

مطالعہ کی اہمیت یوں سمجھیں کہ ایک بچہ جب اس دنیا میں اپنی آنکھیں کھولتا ہے تو اسے ہر پل اپنی ماں کے سہارے، مناسب غذا خاص طور سے شروع کے کچھ مہینوں میں وہی غذا دی جاتی ہے جو آسانی سے ہضم ہو جائے، ایسی غذا سے مائیں اپنے بچوں کو بچاتی ہیں جو بجائے فائدے کے نقصان کا باعث ہوں، یا بچے کو سرے سے غذا ہی نہ دی جائے مائیں دیکھ ریکھ چھوڑ دیں تو بچہ اپنی جان دے بیٹھے گا۔ ایک اور مثال لیں مچھلی، لوگ کہتے ہیں مچھلی جل کی رانی ہے۔ مچھلی کی زندگی پانی پر منحصر ہوتی ہے۔ اگر مچھلی کو خشکی پر رکھ دیا جائے تو بے چاری مچھلی چند گھنٹوں کی مزاحمت کے بعد دم توڑ دے گی۔ آخری مثال لیں ہوا کی، ہوا ہر انسان کی بنیادی اور فطری ضرورت ہے۔ کوئی بلا ہوا کے زندہ نہیں رہ سکتا۔ اسی لئے آپ دیکھیں گے کہ ایسا شخص جسے ہوا نہیں ملتی یا ایسی جگہ پہنچ جاتا ہے

جہاں ہوا کا گزر نہیں ہوتا تو اس شخص کا دم گھٹنے اور سانس پھولنے لگتا ہے بالآخر وہ موت کی آغوش میں چلا جاتا ہے۔

سابقہ مثالوں میں آپ نے دیکھا کہ بچہ بلا دودھ کے، مچھلی بلا پانی کے اور آدمی بلا ہوا کے رہ نہیں سکا۔ بعینہ یہی حال مطالعہ کا ہے۔ ایک اچھا عالم، ایک بڑا اسکالر اس وقت تک بنا نہیں جا سکتا جب تک کہ مطالعہ نہ کیا جائے۔ مطالعے کو عادت ثانیہ نہ بنالیا جائے۔ ایک بات اور یاد رکھیں کہ جس کو مطالعہ کی عادت یا اس کی لت پڑ جاتی ہے وہ آسانی سے جاتی بھی نہیں ہے بلکہ بسا اوقات وہ کھانے پینے اور بال بچوں سے بھی زیادہ مطالعہ کو اہمیت دینے لگتا ہے۔ اور یہی عمل اس کی کامیابی کی راہ ہموار کرتا ہے۔ اس کو رفعت وبلندی عطا کرتا ہے۔ اس کو دوسروں سے ممتاز اور یگانہ روز گار بناتا ہے۔

مطالعے کا طریقہ ء کار کیا ہو۔ کس نہج پر ہم مطالعہ کریں تا کہ ہمیں زیادہ سے زیادہ فائدہ ہو، یہ امر نہایت اہم ہے۔

جب ہم مطالعہ کہتے، بولتے یا اس پر کچھ لکھتے ہیں تو عام طور سے اس میں دو چیز داخل ہوتی ہے۔ درسی کتابوں کا مطالعہ، غیر درسی کتابوں کا مطالعہ۔

اس میں کوئی شک نہیں کہ درسی کتابیں غیر درسی کتابوں سے کئی گنا اہم ہوتی ہیں۔ ایک موضوع کی سیکڑوں کتابوں میں سے کوئی ایک خوش نصیب کتاب ہوتی ہے جسے بڑے ذہین اور اعلی تعلیم یافتہ حضرات اسے نصاب کے لئے منتخب کرتے ہیں۔ لہذا طلبہ کے لئے از حد ضروری ہے کہ پہلے وہ درسی کتابوں میں محنت کریں، ان کتابوں کا پیشگی اور بعد از درس خوب اچھی طرح مراجعہ کریں۔ اس لئے کہ یہی درسی کتابیں طالب کے مستقبل اور آگے کی زندگی کا سمت متعین کرتی ہیں۔ اس لئے بھی کہ اگر بنیاد کمزور تو ہوا کا ایک جھونکا عمارت کو آسانی سے منہدم کر سکتا ہے۔ اس لئے سب سے پہلے طلبہ خارجی

مطالعے کی بجائے درسی کتابوں میں کڑی محنت کریں تاکہ اندر سے وہ مضبوط ہوجائیں، اگر دیوار مضبوط نہیں ہوگی، بنیاد مستحکم نہیں ہوگی تو چھت کے اندر پائیداری یا استحکام نہیں ہوگا۔ آپ یوں سمجھیں درسیات روٹی اور چاول کے مثل ہیں اور خارجی مطالعہ چٹنی اور سلاد کی طرح۔ اور کوئی ایسا نہیں جو صرف چٹنی اور سلاد پر اکتفا کرلے اسے چاول اور روٹی کی ضرورت نہ ہو۔ بلکہ بہت ممکن ہے کہ اگر آپ صرف چٹنی، سلاد یا پاپڑ کھائیں تو آپ بیمار پڑجائیں لیکن اگر چاول اور روٹی کے بعد ان چیزوں کو کھائیں گے تو فائدہ ہوگا۔ کچھ ایسی ہی صورت درسی اور غیر درسی کتابوں کے مطالعے کی ہے۔

بعض طلبہ بھول بھلیوں میں ہوتے ہیں۔ غیر درسی کتابوں کو درسی کتابوں پر ترجیح یا مطالعہ کے نام پر نصابی کتابوں کی ناقدری کرتے ہیں۔ در اصل ایسے طلبہ اپنا مستقبل تاریک کرتے ہیں اس لئے کہ نصابی کتابیں اصل اور غیر نصابی کتابیں فرع ہیں بلکہ مطالعہ کا عمل نصابی کتابوں سے ہی ہو کر جاتا ہے۔ خلاصہ یہ کہ پہلے آپ اپنے آپ کو مضبوط کریں، درسی کتابوں میں کمال پیدا کریں پھر دیگر کتابوں کے مطالعے کی طرف رخ کریں۔

غیر درسی کتابوں کے مطالعہ کا بھی طریقہ ہے۔ ایسا نہیں کہ بس جیسے تیسے پڑھتے جائیں۔ کتاب کے نام پر جو بھی رطب ویابس ہاتھ لگے پڑھنا شروع کردیں۔ نہیں بلکہ جس طرح بچے کو مناسب وقت پر مناسب غذا دی جاتی ہے اور وہ غذا بچے کے جسم میں قوت وتوانائی پیدا کرتی ہے کم وبیش یہی طریقہ مطالعے کے لئے بھی اپنانا سود مند ہوگا۔

اردو ہی کو لیں جو ہماری مادری زبان ہے ہمیں بہت دقت یا دشواری اس زبان کے سیکھنے یا سمجھنے میں نہیں اٹھانی پڑتی۔ ہم گھر میں اپنے لوگوں سے سن کر آسانی سے یہ زبان سیکھ جاتے ہیں۔ تاہم اگر ہم یہ چاہتے ہیں کہ اردو کو بطور زبان استعمال کریں، اس میں

اچھی گفتگو یا کوئی مضمون لکھیں تو اس کے لئے تھوڑی توجہ ہمیں دینی ہو گی۔ ہم نے بارہا یہ محسوس کیا ہے کہ بعض طلبہ اردو میں بھی ایسی ایسی غلطی کرتے ہیں جن پر بڑی آسانی سے قابو پایا جاسکتا ہے۔ اکثر دیکھا یہ جاتا ہے کہ ہم مدارس کے فارغین بہت کم اردو کو اس طرح قواعد کے ساتھ پڑھتے ہیں جیسے عربی یا انگریزی کو پڑھتے ہیں۔ اس لئے عام طور پے قواعد کی خامیاں ہماری گفتگو یا تحریروں میں نظر آتی ہیں۔ اگر کوئی طالب علم مولوی عبد الحق کی "قواعد اردو" ایک آدھ بار پڑھ لے تو شاید پھر وہ غلطیاں نہ ہوں۔

اس کے بعد ایسی کتابوں کا انتخاب ہونا چاہئے جو آسان ہوں، شیر خوار بچے کی ہلکی خوراک کی طرح۔ یکبارگی اگر بوجھ لاد دیا جائے تو اس کا کوئی متحمل نہیں ہو سکتا۔ بتدریج اگر کام کیا جائے تو ان شاء اللہ کام بھی ہو جائے گا اور شاق بھی نہیں گزرے گا۔

ایک سوال یہ ہے کہ کیسے معلوم ہو کہ کون سی کتاب آسان اور کون سی کتابیں مشکل ہیں یقینا ایسے وقت میں اساتذہ کی رہنمائی کی شدید ضرورت ہوتی ہے۔ استاد کا مشورہ یا ان کے تجربے سے طالب علم کو فائدہ اٹھانا چاہئے۔ مثال کے طور پر ہم اردو کے چھوٹے بچوں کو یہ مشورہ دے سکتے ہیں کہ آپ اردو سیکھنے کے لئے مائل خیر آبادی، ابن الفرید، اسماعیل میرٹھی یا حفیظ میرٹھی وغیرہ کی کتابیں پڑھیں۔ اس لئے کہ وہ آسان اور شستہ زبان لکھتے ہیں۔ اس کے بعد شبلی نعمانی، سید سلیمان ندوی، ابو الکلام آزاد، ڈپٹی نذیر احمد، عبد الماجد دریابادی وغیرہ کی متعدد کتابیں پڑھی جائیں۔

ساتھ ہی یاد کی جانے والی عبارتیں، اقتباسات، استعارے اور تلمیحات از بر کر لی جائیں۔ کتابوں پر تبصرہ کیا جائے، اپنی فکر اگر دوران مطالعہ پیدا ہو تو اسے لکھا جائے۔ روزنامچے تحریر کیے جائیں اور اپنی ڈائری تیار کی جائے اس سے دو فائدہ ہو گا ایک طرف آپ کا مطالعہ بھی ہو گا ساتھ ہی آپ مصنف اور قلم کار بھی بن جائیں گے الگ سے محنت

کرنے کی ضرورت نہیں پڑے گی۔

عربی کتابوں کے مطالعہ کا بھی یہی طریقہ ہے پہلے آسان کتابوں کا انتخاب کیا جائے جیسے کامل کیلانی کی مجموعہ القصص، ابوالحسن علی ندوی کی قصص النبیین، القراءۃ الراشدۃ، اسی طرح مصر سے چھپی القراءۃ الرشیدۃ وغیرہ سے آغاز کیا جائے۔ اور پھر محمد الحسنی، طہ حسین، محمود عباس عقاد، لفطی منفلوطی، محمد صادق رافعی، احمد حسن زیات، کی کتابوں کو پڑھا جائے اور یہاں بھی اچھے اقتباسات وغیرہ ازبر کئے جائیں، تحریری تبصرہ کرنے سے گریز نہ کیا جائے، اور خوب خوب بولنے کی پریکٹس کی جائے، اکیلے میں زور زور سے عبارت خوانی بھی کی جائے تاکہ زبان میں روانی آئے اور جھجک دور ہو۔

یاد رکھیں ایک ہوتا ہے زبان کا سیکھنا دوسرا ہے کسی موضوع سے متعلق معلومات فراہم کرنا، اور ان دونوں چیزوں میں زبان کے علم کو ترجیح حاصل ہے۔ اگر آپ زبان ہی نہ سمجھیں گے تو موضوع سے متعلق کیا جان سکیں گے، اس لئے پہلے زبان سیکھیں اور اس کا طریقہ وہی ہے جو ابھی بتلایا گیا۔

جہاں تک کسی خاص موضوع سے متعلق مطالعے کا سوال ہے تو اس کا سود مند طریقہ یہ ہے کہ پہلے آپ اس موضوع سے متعلق کسی مستقل کتاب کا انتخاب کریں جیسے پردہ کے اوپر بالتفصیل مطالعہ کرنا ہو تو مودودی صاحب کی "پردہ" از اول تا آخر ایک بار پڑھ جائیں، اسی طرح سود سے متعلق مطالعہ کرنا ہو تو مودودی ہی صاحب کی "سود" بالاستیعاب پڑھیں۔ ساتھ ہی ان موضوعات پر مل سکیں تو دیگر کتابوں کا مطالعہ بھی کریں۔

پھر ان کتابوں میں آئی آیتوں اور احادیث کی تفسیر اور تشریح کے لئے مفصل کتابیں الٹیں۔ اس کے لئے اگر ابن حجر کی "فتح الباری"، امام نووی کی "المنہاج"، شوکانی

کی "نیل الاوطار"، عبد الرحمن مبارک پوری کی "تحفة الاخوذي"، شمس الحق عظیم آبادی کی "عون المعبود"۔۔۔

یا کتب تفاسیر میں تفسیر طبری، تفسیر قرطبی، تفسیر بغوی، تفسیر ابن کثیر، ے تفسیر فتح القدیر، تفسیر جلالین اور عامہ ڈاکٹر محمد لقمان سلفی حفظہ اللہ کی تفسیر "تیسیر الرحمن" کے ساتھ "احسن البیان" وغیرہ بھی دیکھنے کی ضرورت پڑے تو ہم ضرور دیکھیں۔

ان شاء اللہ اس کا اتنا بڑا فائدہ ہوگا جس کا تصور بھی آپ ابھی نہیں کر سکتے۔ آپ اس موضوع کے متخصص ہو جائیں گے۔ اس موضوع پر لکھنا اور بولنا آپ کے لئے آسان ہی نہیں بلکہ بچوں کا کھیل ہو گا۔ ہمارے طلبہ مذکورہ کتابوں سے درسیات میں بھی مدد لے کر اپنی معلومات میں غیر معمولی اضافہ کر سکتے ہیں جیسا کہ ہمارے پرانے علماء کیا کرتے تھے۔ وہ تو درس میں حاضر ہونے سے قبل متعلقہ درسی کتابوں کی شروحات اور حواشی تک پڑھتے تھے تاکہ درس سمجھنے میں آسانی ہو۔ افسوس کہ یہ خوبیاں اب ہمارے طلبہ میں بہت کم پائی جاتی ہیں جس کی وجہ سے علم میں وہ پختگی نہیں ہوتی جو پرانے چراغوں میں تھی۔ اور جو طلبہ یہ طریقہ اپناتے ہیں وہ کامیاب بھی ہوتے ہیں۔

ہمارے موضوع کا آخری عنصر مطالعہ کے تقاضے ہیں۔

یہ سب کو معلوم ہے کہ ہر چیز کے کچھ تقاضے ہوتے ہیں جب تک ان تقاضوں کو پورا نہ کیا جائے اس چیز میں کامیابی ممکن نہیں ہوتی؛ اس کے لئے آپ ایک کسان کی مثال لے سکتے ہیں جب تک وہ فصل کے لئے زمین کو ہموار نہیں کرے گا، بیج نہیں ڈالے گا، سینچائی نہیں کرے گا حسب ضرورت اس کے کھاد پانی کا انتظام نہیں کرے گا ساتھ ہی محنت ومشقت برداشت نہیں کرے گا تو فصل کٹائی کے وقت اس کے گھر دانا نہیں آئے گا، جب دیگر کسانوں کے گھر اناج سے بھرے ہوں گے یہ بے چارہ کسان سوائے افسوس

اور حسرت وندامت کے کچھ نہیں کرسکتا۔

بالکل ایسے ہی مطالعے کے کچھ بنیادی تقاضے ہیں جیسے: طلبہ درسی وغیر درسی کتابوں کے پڑھنے میں دلچسپی لیں، خوب محنت کریں، اگر ضرورت پڑے تو جسمانی تکالیف بھی برداشت کریں، کلاس میں اپنی حاضری کو یقینی بنائیں، غیر ضروری تبصروں سے بچیں، کم سونے کی عادت ڈالیں، لوگوں سے اپنے روابط کم رکھیں موبائل اور انٹرنیٹ کی دنیا سے لگاو نسبتا کم ہو اور کتابوں واساتذہ کرام سے تعلقات زیادہ ہوں۔ مطالعہ میں وقت لگائیں بلا وقت لگائے اور استاد کی رہنمائی کے حصول علم مشکل ہے۔ اور اتنا ذہن میں بیٹھا لیں کہ دنیا میں آج تک یہ حادثہ رونما نہیں ہوا کہ بلا تگ ودو اور جانفشانی اور عرق ریزی کے کسی نے بلندی ورفعت تک رسائی حاصل کی ہو۔ یقین نہ ہو تو تاریخ، سیرت، رجال پر لکھی ہوئی کتابوں کو پڑھیں خاص طور سے امام ذہبی کی "تذکرۃ الحفاظ"، "سیر اعلام النبلاء"، "العبر في تاریخ من غبر"۔ ابن کثیر کی "البدایہ والنھایہ"، ابن حجر کی "تھذیب التھذیب" اور "تقریب التھذیب" اور کچھ اور وقت ہو تو امام مزی کی "تھذیب الکمال"۔ ان شاءاللہ ان کتابوں سے آپ سیکھیں گے بھی اور اپنی زندگی میں کچھ کرنے کا حوصلہ بھی ملے گا۔

اور جس نے عزم کرلیا اس کے لئے کوئی بھی راہ مشکل نہیں۔

The Study, it's importance, procedure and requirements.
Essay: SanaUllah Sadiq Taimi

***

۷

اردو افسانے کے رجحانات کا مختصر جائزہ

طاہر نقوی

افسانے کا تخلیقی سفر زبان سے شروع ہو کر قاری کی تفہیم پر ختم ہوتا ہے۔ اگر افسانہ مضبوط ہے تو اس کا سفر جاری رہتا ہے، اس سے تخلیق اور فکر کے سوتے پھوٹتے ہیں اور وہ زماں و مکاں کے حصار سے آزاد ہو جاتا ہے۔ افسانہ نگار کو اپنے کرداروں کے اتنے قریب ہو کر لکھنا چاہئے کہ جب اصل زندگی میں ان کرداروں سے ملاقات ہو تو وہ محتاج تعارف نہ رہیں۔ افسانے میں کہانی کو کنٹرول کرنے والے عناصر، واقعات اور کردار، دونوں مل کر اکائی بناتے ہیں۔ یوں اس کے موضوع کا ارتقاء کردار اور واقعات کے سہارے ہوتا ہے ۔ افسانے کی یہ نوعیت نظام کی کسی صورت حال کو ابھارتی ہے، اور نتیجے کے طور پر قاری افسانہ نگار اور نقاد کا فکری تصادم ہوتا ہے۔ یہی وہ لمحہ ہوتا ہے جب کوئی افسانہ آفاقیت کی سطح پر نظر آتا ہے۔

افسانوی تکلم کی ہیئت، شاعری میں تکلم کی ہیئت سے مختلف ہوتی ہے۔ شعر میں تکلم عام سی بات ہے جب کہ افسانے میں ایسا نہیں۔ افسانہ نثری مونولوگ ہے جو مکالمے کی امیزش سے جنم لیتا ہے۔ یہی وجہ ہے کہ افسانے میں معاشرتی تغیرات کی اثر پذیری

اپنی کیفیت کے ساتھ ملتی ہے۔ لہٰذا افسانے کی بنیاد بننے والے پس منظر کی نوعیت ارد گرد کے ماحول اور معاشرے سے افسانے کے کرداروں کے باہم تصادم سے مل کر افسانے کا وحدت تاثر قائم ہوتا ہے۔

افسانہ ایسی صنف ادب ہے جس پر اب تک کئی تجربات ہوتے ہیں۔ چنانچہ خود اردو افسانہ اپنی ابتدائی شکل سے لے کر موجودہ عہد تک کئی تبدیلیوں سے گزرا ہے۔ یہ اس صنف کی مقبولیت کے سبب ہوا۔ اگر اردو کی ابتدائی طلسماتی کہانیوں اور داستانوں سے صرف نظر کیا جائے تو یہ کہنا درست ہوگا کہ پریم چند کے افسانوں نے اردو کے مختصر افسانے کو بنیاد فراہم کی۔

اگرچہ اردو افسانہ مغرب کا مرہون منت ہے، تاہم مجھے یہ کہنے میں ذرا بھی تامل نہیں کہ پریم چند نے افسانے کے خدوخال مقرر کئے۔ اردو افسانے کے فارم میں اب تک جو تبدیلی ہوئی وہ خود افسانہ نگار نے محض اپنے ارد گرد کے حالات کے زیر اثر اپنی تخلیقی صلاحیت سے کی۔ البتہ وقت گزرنے کے ساتھ ساتھ اسانے کی ہیئت اور مزاج کا مسئلہ پیچیدہ ہوتا چلا گیا اور یوں اردو افسانے نے کئی کروٹیں لیں۔

۱۹۳۶ء اردو افسانے کی زندگی میں اہمیت اختیار کر گیا۔ اسی برس افسانے کے خدو خال سامنے آئے اور کوئی راہ متعین ہوئی۔ پھر سیاسی اور نظریاتی تحریک "انجمن ترقی پسند مصنفین" کے زیر اثر حقیقت پسندانہ افسانہ لکھا گیا۔ اس افسانے کو بلاشبہ بہت مقبولیت حاصل ہوئی۔ تاہم اس میں اختلافات کی گنجائش نکالتے ہوئے یہ بھی کہا گیا کہ جو ادب کسی نظریے کی بنیاد پر لکھا جاتا ہے وہ تخلیقی نہیں بلکہ عارضی ہوتا ہے اور اس میں نعرہ بازی زیادہ ہوتی ہے۔ مگر اس دور میں بلاشبہ اردو کے اہم اور شاہکار افسانے تخلیق ہوئے۔

افسانوی مجموعہ ''انگارے'' نیا موڑ ثابت ہوا۔ اس مجموعے میں شامل کہانیاں، مغربی فن اور مشرقی سماجی زندگی کا امتزاج ہیں۔ کم و بیش اسی زمانے میں افسانے میں شعور کی رو کا نظریہ شامل ہوا۔ افسانے کی یہ تکنیک کردار سازی اور اس کی نفسیات سے متعلق ہے۔ یہ تکنیک افسانے میں بعد تک استعمال کی جاتی رہی۔

سیاسی، معاشی، معاشرتی اور سماجی تبدیلی نے افسانے کو ہمیشہ متاثر کیا۔ ۱۹۴۷ء کی جغرافیائی تقسیم کے نتیجے میں اردو افسانہ زیادہ جم کر لکھا گیا۔ بعض افسانے اردو کے بہترین اور نمائندہ افسانے شمار کئے گئے۔ ان میں خاص طور پر یہ عنصر اپنایا گیا۔ معاشرے اور سیاست کی خامیوں کی نشاندہی بھی کی گئی۔ ادب کا سیاسی استحکام اور انتشار سے گہرا تعلق ہے۔ لہذا جب ملکوں میں امن و امان اور خوش حالی کا دور دورہ ہو تو ادب نسبتاً کم تخلیق ہوتا ہے۔ اس کے بر عکس انتشار، افرا تفری اور بے چینی کی کوکھ سے ادب زیادہ اور معیاری پیدا ہوتا ہے۔

افسانے میں کوئی نہ کوئی نیا سلوب بھی آتا ہے۔ مگر کوئی اسلوب افسانے سے مکمل طور پر یکایک کبھی غائب نہیں ہوتا۔ ایسا وقت آتا ہے جب ساتھ ساتھ کسی نئے اسلوب کا چرچا ہونے لگتا ہے۔ ترقی پسند افسانے کے بعد ۱۹۶۰ء میں علامت اور تجربہ کا عمل دخل ہوا۔ ملک میں کئی بار مارشل لاء کے تسلط کے نتیجے میں دوسروں کی طرح تخلیق کاروں نے اپنے انداز میں سوچا۔ میرے نزدیک افسانے میں علامت اور تجربہ کا استعمال خوف کی نشان دہی کرتا ہے۔ تاہم اس وقت اس علامتی اور تجریدی افسانے کی خاصی واہ واہی ہوئی۔

بعض نقاد کہنے لگے کہ فی زمانہ افسانے کا اصل اسلوب یہی ہے۔ اس دور میں ایسے

بازی گر بھی شامل ہوئے جو نہ علامت کی تفہیم رکھتے تھے اور نہ تجرید کی۔ انہوں نے الفاظ کے اس گورکھ دھندے سے قاری کو ناراض کر دیا۔ سائنسی اور الیکٹرونک ابلاغ عامہ کے اس دور میں قاری اتنا باشعور ہو چکا ہے کہ جملوں کی بھول بھلیوں اور الفاظ کی اکھاڑ پچھاڑ سے پیدا کردہ معمے اور افسانے میں تمیز کر سکتا۔ ایسی فیشن زدہ اور بے معنی تحریروں کو افسانے کے کھاتے میں ڈال دیا گیا۔ اس معاملے میں بعض ادیبوں کا خیال تھا کہ افسانے میں کہانی کبھی غائب نہیں رہی۔ بلکہ محض اس کی شکل ذرا مختلف دکھائی دیتی رہی۔ قاری نے اس تاویل کو تسلیم نہیں کیا۔ اسے ہمیشہ کہانی سے دلچسپی رہی اور اب بھی ہے۔ دراصل بھائی لوگوں نے علامت کو غلط سمجھا۔ علامت منزل تک پہنچنے کا محض ذریعہ ہوتی ہے۔ مگر اسے خود منزل سمجھ لیا گیا۔ دس بارہ برس یہی تماشہ رہا۔

شخصی اور انفرادی علامت نگاری ناراض قاری کو واپس لانے میں ناکام رہی۔ چنانچہ اکثر نقاد اصرار کرنے لگے کہ اب کہانی کی واپسی ہونی چاہئے۔ تقریباً ۱۹۷۹ء سے افسانے میں کہانی کی واپسی شروع ہوئی اور قاری افسانے کی طرف متوجہ ہوا۔ اب افسانہ زیادہ توانائی کے ساتھ منظر عام پر آیا۔ اس میں اپنے دور کی مناسبت سے اپنے اندر نت نئے جدید اور آفاقی موضوعات سمونے کی صلاحیت پیدا ہوئی۔ افسانے میں تہہ داری آئی۔ کیونکہ اس کے بغیر افسانہ اپنی موت خود مر جاتا ہے۔ ۱۹۷۰ء افسانے کی تاریخ میں اہم موڑ ثابت ہوا۔ اردو افسانے میں عالمی افسانے کے مدمقابل کھڑا ہونے کا اعتماد پیدا ہوا۔

اس مرحلے پر برصغیر میں ایک اور المناک واقعہ رونما ہوا۔ مشرقی پاکستان کی علیحدگی کے جو بھی سیاسی اور سماجی محرکات رہے ہوں، اس سانحے نے افسانے کو کسی قدر متاثر ضرور کیا۔ ۱۹۴۷ء میں برصغیر کی تقسیم کے برعکس مشرقی پاکستان کی علیحدگی نے

اپنے اثرات ذرا مختلف انداز میں ڈالے۔ اس سانحے کے بعد خاص طور پر کراچی کی ادبی فضا میں آپا دھاپی مچ گئی۔ وہاں سے ہجرت کرنے والوں میں سے بعض نے یہاں آکر ادب میں کسی نہ کسی طرح صرف اپنی جگہ بنانے کی طرف اپنی توجہ مرکوز کردی۔ اس سانحے پر اس کی اہمیت کے برعکس کم افسانے سامنے آئے۔ یا پھر یوں کہہ سکتے ہیں کہ افسانہ نگاروں نے اپنے طور پر خود ہی فیصلہ کرلیا کہ برصغیر کی تقسیم پر لکھے گئے افسانوں سے بہتر اب کوئی افسانہ تخلیق نہیں کیا جاسکتا۔ وہاں سے ہجرت کا دکھ جھیل کرانے والے افسانہ نگاروں کے افسانوں میں فنی رچاؤ اور تخلیقی جوہر سے زیادہ خود ان کا ذاتی درد شامل رہا۔ ان کے افسانے محض جذباتی اظہاریئے کا نمونہ ثابت ہوئے۔ میری نظر میں یہ سانحہ ۱۹۴۷ء کے واقعے سے کئی لحاظ سے مختلف تھا۔ مگر ایسے افسانے نہیں لکھے گئے۔

دیکھنے میں آیا ہے کہ اردو کے ایسے افسانوں کی زیادہ اہمیت دی گئی جو کسی سانحے یا واقعہ پر لکھے گئے۔ البتہ وہ واقع گزر جانے کے بعد ایسے افسانے اکثر اپنی اہمیت کھو بیٹھتے ہیں۔ اس امر کو اس طرح سمجھنا چاہیے کہ برصغیر کی تقسیم کے موضوع پر تخلیق کئے گئے افسانے اسی علاقے کے لئے اہم ہوسکتے ہیں۔ باقی دنیا میں اس واقع کی کوئی شناخت نہیں بنتی اور نہ وہاں کے لوگوں کو اس سے کوئی جذباتی لگاؤ ہو سکتا ہے۔ چنانچہ افسانے کا موضوع آفاقی اور ہر دور کے لئے ہونا چاہیے۔

شاید ہی پس منظر ہے کہ اکثر نقاد اور قاری انگریزی کے افسانوں سے متاثر ہو کر یہ کہتے ہوئے پائے گئے ہیں کہ اردو افسانہ بھی مغرب کے افسانے کی سطح تک نہیں پہنچ پایا۔ اس معروضی نقطہ نظر سے ہٹ کر دیکھا جائے تو اردو افسانہ مغرب کے افسانے سے کسی طرح کم نہیں، نہ اسلوب اور نہ موضوع کے لحاظ سے یہاں ضرورت اس بات کی ہے کہ

اردو افسانے کو مغرب کی زبانوں میں زیادہ سے زیادہ منتقل کیا جائے تاکہ وہاں اردو افسانے سے آگاہی اور اس کا حلقہ وسیع تر ہو۔ اردو افسانہ اپنے طلسماتی بیان، فرضی داستانوں، حقیقت پسندی، شعور کی رو، مزاحمت، علامت اور تجرید کے طویل سفر کے بعد اب آدمی کی اصل کہانی کی طرف لوٹ چکا ہے۔ اور اپنے تخلیقی سفر پر توانائی کے ساتھ رواں دواں ہے۔

ماخوذ: ادب لطیف، ۷۵ سالہ نمبر (حصہ اول، دسمبر ۲۰۱۰)

Overview of trends in Urdu short story. Essay: Tahir Naqvi

***

۸

لفظوں سے آگے - اداریہ شعر و حکمت

مغنی تبسم

تم اپنے باپ کی لاش کو ہر جگہ گھسیٹتے نہیں پھر سکتے (ابولینیر)

گزشتہ چند برسوں سے میں اردو شعر وادب میں بعض اہم، بنیادی اور نمایاں تبدیلیاں رونما ہوئی ہیں۔ یہ تبدیلیاں ادب کے تعلق سے ادیب اور قاری دونوں کے بدلے ہوئے رویوں کی غماز ہیں۔ ان تبدیلیوں کے جواز اور اردو ادب کی موجودہ صورتحال کی تفہیم اور توضیح کے لئے اردو تنقید میں ''جدیدیت'' کی اصطلاح رواج پاگئی ہے۔ جدیدیت کے خلاف اور جدیدیت کی تائید میں ایسی تحریریں شائع ہوتی رہی ہیں جن کے مطالعے سے یہ تاثر پیدا ہوتا ہے کہ یہ کوئی منظم تحریک ہے۔ ان مناظروں اور مباحثوں میں جدیدیت اور تجدد کو بھی غلط ملط کیا جاتا رہا ہے۔ کوئی سوجھ بوجھ رکھنے والا نقاد جدیدیت کو ادبی تحریک کے نام کے طور پر استعمال کرتے ہوئے اس غلطی کا اعادہ نہیں کرے گا جو ماضی میں ترقی پسند تحریک کی اصطلاح کو روان دینے میں ہوئی تھی۔ ترقی پسند تحریک ادب کے رشتے سے ایک بے معنی اصطلاح تھی۔ یہ نام ایک سیاسی مصلحت کے تحت ادب کے سر منڈھ دیا گیا تھا۔

آج کے اردو ادب کا مطالعہ کسی ذہنی تحفظ اور پیش بندی کے بغیر کریں تو اس میں

ایک مخصوص رجحان نہیں بلکہ مختلف اور متنوع رجحانات نظر آئیں گے جن میں سے بعض کا رشتہ ماضی کی شاعری سے جڑتا دکھائی دے گا۔ اس میں مختلف ادبی اور فنون لطیفہ کی تحریکوں کے اثرات کا سراغ ملے گا۔ مجموعی طور پر یہ محسوس ہو گا کہ نیا اردو ادب، ماضی قریب کے ادب سے بڑی حد تک مختلف ہے۔ یہ اختلاف سیاسی نظریے یا عقیدے کا نہیں بلکہ بنیادی طور پر تخلیقی رویوں کا اختلاف ہے۔ ماضی میں جس نظریے کو تنقید فن میں دخیل کیا گیا وہ اشتراکی حقیقت نگاری کا نظریہ تھا۔ اسٹالین نے لینن کے مضمون، پارٹی کی تنظیم اور پارٹی کے ادب'' کی گمراہ کن تاویل کے ذریعے اپنی پالیسی کا جواز مہیا کرنے کی کوشش کی جب کہ لینن کا خود منشا یہ نہیں تھا کہ اس مضمون کا اطلاق فنون لطیفہ پر کیا جائے۔ پھر کچھ ایسی رو چلی کہ اشتراکی حقیقت نگاری کے علم برداروں نے فن اور پروپیگنڈے کے فن کو بالائے طاق رکھ دیا۔ انہوں نے جو فارمولا وضع کیا تھا وہ جان برگر کے الفاظ میں کچھ اس طرح کا تھا کہ پہلے خالص نظریاتی ادعا کے مطابق ایک مصنوعی یا فرضی واقعے کی تخلیق کرو پھر اس میں زیادہ سے زیادہ فطریتNatutrationکا رنگ بھرو تا کہ فطریت غیر فطری اور جھوٹ کے لئے '' موقعہ، واردات پر عدم موجودگی کا حیلہ'' بن جاتی ہے۔ یہی وجہ ہے کہ اشتراکی حقیقت نگاری کے نظریے کے تحت جس طرح کے ادب کی تخلیق ہوئی اس کا زندگی کے حقیقی تجربوں سے کوئی گہرا رشتہ نہیں تھا۔

نئی شاعری اور ادب میں اس نظریاتی ادعایت کے خلاف ایک رد عمل نمایاں ہے۔ سب کی بات تو نہیں کہی جا سکتی لیکن بیش تر نئے اور اچھے شاعروں اور ادیبوں کی تخلیقات میں جو رویے جھلکتے ہیں انہیں ایک طرح کی آواں گاردیت سے موسوم کیا جا سکتا ہے۔ ان رویوں کا اظہار ہمارے آرٹ اور کلچر میں فطری انداز سے ہو رہا ہے۔ اس کلچر کا بنیادی رویہ قدیم کلچر کے نظم و ضبط کے مقابلے میں مہم پسندی کا ہے۔ ایسی فعالیت جو عمل

برائے عمل کا تصور رکھتی ہے۔ جس کی نفسیاتی حرکت میں طبعی حرکیت بھی شامل ہے۔ یہ کلچر ہندوستان کی موجودہ فضا اور حالات میں ایک مخصوص رنگ رکھتا ہے لیکن اس کا رشتہ دوسرے ملکوں کے آواں گارد کلچروں سے ملتا ہے، تاریخی اور سماجی نظم کے خلاف نیہلسٹی بغاوت جو اس نفی کے کلچر کی خصوصیت ہے ہندوستان کی تمام زبانوں کی نئی شاعری میں اظہار پا رہی ہے۔ نئے ادب کا ایک وصف پبلک سماج اور روایت سے مقاومت ہے۔ وہ اس مذاق عام کی تسکین اور تشفی کی ذمہ داری قبول نہیں کرتا جس کا بورژوا کلچر اور اشتراکی سیاست نے بگاڑ دیا ہے۔ ماحول سے یہی عدم مطابقت فن کار میں اجنبیت کا شدید احساس پیدا کرتی ہے۔ یہ احساس کبھی اس کو محزون بناتا ہے اور کبھی وہ خود کو ایسا سورما سمجھنے لگتا ہے کہ جو پابہ زنجیر ہے۔ تمسخر بھی اس کے جذبہ، مقاوقت کے اظہار کی ایک صورت ہے۔ نئے ادیب کی روایت سے برگشتگی، صاحب نظری کی دلیل ہے جو اس کو دین بزرگان سے منحرف کرتی ہے۔ نسلوں کا اختلاف ہر دور میں رہا ہے لیکن دو کلچروں کے درمیان اتنی وسیع خلیج کبھی حائل نہیں ہوئی تھی اسی لئے موجودہ نسل کو اپنے مختلف اور جدید ہونے کا احساس زیادہ ہے۔

نئے ادب اور پرانے ادب کا واضح اختلاف زبان کے استعمال میں دکھائی دیتا ہے۔ یہ اختلاف ناگزیر اس لئے ہے کہ دونوں کے تجربوں کی دنیائیں مختلف ہیں۔ اس کے قطع نظر نثر کا محاوہ چوں کہ پرانی نسل میں ترسیل کا ذریعہ ہوتا ہے اس لئے نئی نسل پرانی نسل کے خلاف خود کو نمایاں اور ممتاز کرنے کے لئے ایک خفیہ زبان وضع کر لیتی ہے۔ یہی خفیہ زبان جو نئی شاعری اور نئے ادب کا محاورہ ہے ایک حد تک عوام اور تخلیق کار کے درمیان مقاومت پیدا کرنے کی ذمہ دار ہے۔ ایک نقطہ نظر سے نئے ادب کا ابہام جہاں جدید نسل کے لئے اسہالی فعل انجام دیتا ہے وہیں اسکا یہ معالجاتی فنکشن بھی ہے کہ جب

روایت اور عادت ادبی زبان کو کاروباری اور ترسیلی نثر کی سطح پر لے آتے ہیں تو نیا محاورہ اس سے پیدا ہونے والی لسانی سٹرن کو دور کر کے عام زبان کو معانی کی دولت سے مالا مال کرتا ہے۔

نئے ادیب کی روایت دشمنی رومانی رویے سے مماثلت رکھتی ہے۔ اس کو رومانی عقلیت پسندی کا نام دینا زیادہ موزوں ہو گا۔ روایت دشمنی کے زیر اثر وہ اپنے قریبی ماضی سے جتنا منحرف ہے ماضی بعید سے اتنا برگشتہ نہیں ہے۔ بلکہ وہ بہت قدیم اور بھولی بسری روایتوں کی تجدید اور باز آفرینی بھی کرتا ہے۔ اس نے رویے کی تہہ میں ماضی پرستی بلکہ معقلیت کارفرما ہوتی ہے۔ آج کے ادیب مستقبل کے ادب کے نقیب ہیں۔" مستقبل اور اس کے امکانات کے تصور کے بغیر خواہ وہ کتنا ہی موہوم اور مبہم کیوں نہ ہو جدیدیت کوئی مفہوم نہیں رکھتی یہ مستقبلیت آنے والی نسلوں کی عظمت کی خاطر ایثار اور قربانی کا مطالبہ پیش کرتی ہے جس کی تکمیل کے لئے یوٹوپیانی لگن ضروری ہے۔

مستقبلیت، روایت کی دشمن اور تجربے کی محرک ہوتی ہے۔ جدیدیت کی جمالیات میں ندرت کو پہلا مقام حاصل ہے۔ کلاسیکیت کا نظریہ، کمال اس کے تابع ہوتا ہے۔ جدید تخلیق اس اعتبار سے غیر روایتی ہوتی ہے۔ ایسے ادب کا دعوئے کمال جھوٹا اور لغو ہے جو روایت کی نقل کرتا اور خود کو دہراتا ہے۔

Lafzon se aage, Editorial of Sher-o-Hikmat mag. By: Mughni Tabassum

***

۹

حیدر آباد فرخندہ آباد کی سیر

مشفق خواجہ

شخصی خاکہ نگاری ایک مشکل فن ہے۔ یہ غزل جیسی صنف ادب نہیں کہ ردیف و قافیہ کے گلدان میں پامال مضامین کو کاغذی پھولوں کی طرح سجا دیا جائے۔ یہ نثری نظم بھی نہیں کہ لفظوں کو ان کے معنوں سے جدا کر کے چھوٹی بڑی سطروں میں دفن کر دیا جائے۔ یہ علامتی افسانہ بھی نہیں کہ نثری نظم والوں کے دفن کردہ الفاظ کو جھاڑ پونچھ کر دوبارہ صفحہ قرطاس پر بکھیر دیا جائے۔ یہ جدید سفر نامہ بھی نہیں کہ سفر نامہ نگار خود تو ایئر ہوسٹسوں کے نرغے میں پرواز کرتا رہے اور بیچارہ قاری حیرت و استعجاب کی وادیٔ پرخار میں پیدل چل چل کر اپنے تلوے لہولہان کر لے۔

شخصی خاکہ نگاری کے لئے چار چیزوں کی ضرورت ہوتی ہے۔ سب سے پہلے تو ایسی آنکھ چاہئے جو کسی شخص کے ظاہر و باطن کا مشاہدہ کر سکے۔ پھر وہ بصیرت چاہئے جو ان عوامل کا تعین کر سکے جو کسی شخصیت کی تعمیر میں بنیادی حیثیت رکھتے ہیں۔ تیسری چیز حقیقت بیانی ہے۔ یعنی موضوع کو اسی طرح پیش کیا جائے جیسا وہ ہے نہ کہ لکھنے والا اپنی منشاء کے مطابق اس کے خدو خال سنوارے یا بگاڑے۔ چوتھی اور سب سے اہم چیز یہ ہے کہ خاکہ نگار کو لکھنے کا فن آتا ہو۔ وہ کم سے کم لفظوں میں زیادہ سے زیادہ معانی پیش

کرنے کے ہنر سے واقف ہو۔

ہمارے بہت کم خاکہ نگاران چار شرائط کو پورا کرتے ہیں۔ اگر کسی کے پاس مشاہدہ ہے تو اس پہ معلوم نہیں کہ اسے کس طرح پیش کیا جائے۔ یا پھر اکثر خاکہ نگاروں نے یہ فارمولہ بنا رکھا ہے کہ موضوع کی خوبیوں کے ساتھ دو چار خامیاں بھی بیان کر دی جائیں تاکہ توازن برقرار رکھا جاسکے۔ بعض توازن کے قائل نہیں، وہ موضوع کو ہیرو بنا کر پیش کرتے ہیں اور بعض خاکہ نگار اپنی ذات کو اس حد تک نمایاں کرتے ہیں جیسے وہ کسی اور کا خاکہ نہیں لکھ رہے، بلکہ اس سے اپنا خاکہ لکھوا رہے ہیں۔

لیکن اس کا مطلب یہ نہیں کہ اردو میں اچھے خاکے نہیں لکھے گئے، لکھے گئے ہیں اور خاصی تعداد میں۔ مثلاً پچھلے ڈیڑھ سال میں کم از کم دو مجموعے ضرور ایسے شائع ہوئے ہیں جن میں اچھے خاکے، خراب خاکوں کی نسبت زیادہ ہیں۔ ان میں سے ایک مجموعہ پاکستان میں شائع ہوا ہے اور دوسرا ہندوستان میں۔ پاکستانی مجموعہ بزرگ افسانہ نگار ممتاز مفتی کا ہے "اوکے لوگ" (اوکھے، پنجابین لفظ ہے جس کا مطلب ہے "مشکل") ہندوستانی مجموعے کا نام "خاکے" ہے اور اس کے مصنف ہیں عوض سعید۔

ممکن ہے عوض سعید کا نام ہمارے بعض پڑھنے والوں کے لئے نیا ہو۔ لیکن اس سے کوئی فرق نہیں پڑتا کیونکہ بعض پڑھنے والوں کے لئے غالب کا نام بھی نیا ہوتا ہے۔ غالب کا تعارف نامہ تو ہم پھر کبھی پیش کریں گے، فی الحال عوض سعید کے بارے میں عرض ہے کہ وہ خاصے پرانے اور اہم افسانہ نگار ہیں۔ پاکستانی رسالوں خصوصاً میرزا ادیب کے زمانے کے "ادب لطیف" میں ان کی کئی کہانیاں شائع ہو چکی ہیں۔ اب تک ان کے افسانوں کے چار مجموعے منظر عام پر آچکے ہیں، جنہیں ادبی حلقوں میں بے حد سراہا گیا۔ ان چاروں مجموعوں کو ہندوستان کی مختلف اردو اکیڈیمیوں کے انعامات بھی مل چکے ہیں۔

یہ بات ہم نے قیاساً لکھی ہے۔ ہمارا قیاس اس لئے غلط نہیں ہو سکتا کہ ہندوستان میں اردو کتابوں پر کثرت سے انعامات دیئے جاتے ہیں۔ یہ انعام اتنے زیادہ ہوتے ہیں کہ کتابیں کم پڑ جاتی ہیں۔ تب مسودوں کو انعامات سے نوازا جاتا ہے۔ آخر میں ان کتابوں کی باری آتی ہے جو ابھی بطن مصنف میں ہوتی ہیں۔ اس کے بعد بھی گنجائش رہ جائے تو کتابوں کی بجائے افراد کو تختۂ مشق بنایا جاتا ہے۔ جیسے حال ہی میں مجوزہ عالمی اردو کانفرنس کی طرف سے ڈاکٹر گوپی چند نارنگ اور بعض دوسرے ادیبوں کے لئے انعامات کا اعلان کیا گیا ہے۔ اس انعام کی خوبی یہ ہے کہ انعام لینے والے ہی نہیں، دینے والے بھی ڈاکٹر گوپی چند نارنگ ہیں، اس لئے وہ دوہری مبارکباد کے مستحق ہیں۔

آیئے اب اصل موضوع کی طرف لوٹیں۔ اگر ادھر اُدھر کی باتوں کا سلسلہ کچھ دیر اور چلتا رہا تو ڈر ہے کہ کہیں عوض سعید کی کتاب "خاکے" پر بھی کسی انعام کا اعلان نہ ہو جائے۔ لٰہذا انعام ملنے سے پہلے اس کتاب پر اظہار کر لیا جائے تو بہتر ہے، ورنہ بعد میں کسی کو اس کتاب میں کوئی خوبی نظر نہیں آئے گی۔

اس کتاب کی سب سے بڑی خوبی یہ ہے کہ اس میں شخصیات کے حوالے سے حیدرآباد دکن کی ثقافتی فضا اور ادبی ماحول کی تصویر کشی کی گئی ہے۔ ہم نے تو حیدرآباد دکن کو مرزا ظفر الحسن مرحوم یا پھر خواجہ حمید الدین شاہد کے حوالے سے دیکھا ہے، مرزا صاحب نے حیدرآباد کی تہذیبی زندگی پر بہت سی یادگار تحریریں چھوڑی ہیں۔ خواجہ حمید الدین شاہد کو خدا سلامت رکھے کہ حیدرآبادی تہذیب کا چلتا پھرتا نمونہ ہیں۔ اس شہر بے مثال کے بارے میں اب عوض سعید نے ہماری معلومات میں اضافہ کیا ہے۔ ان کی کتاب پڑھتے ہوئے یہ احساس ہوتا ہے کہ قاری اپنے کلبہ افزاں سے دور، حیدرآباد فرخندہ بنیاد کی گلیوں، کوچوں اور ادبی محفلوں کی سیر کر رہا ہے۔ کہیں کسی ہوٹل میں ادیب جمع ہیں

اور کہیں کسی قیام گاہ پر محفل گرم ہے۔ غرض ہر طرف گہما گہمی دکھائی دیتی ہے اور زبان بھی وہی سنائی دیتی ہے جو حیدرآباد میں بولی جاتی ہے۔

عوض سعید نے جن لوگوں کے خاکے لکھے ہیں ان میں بیشتر معروف ادبی شخصیات ہیں۔ مثلاً مخدوم محی الدین، ابراہیم جلیس، عالم خوندمیری، سلیمان ادیب قاضی سلیم، اقبال متین مغنی تبسم، جیلانی بانو، عزیز قیسی، وحید اختر وغیرہ۔ ہم نے ان ادیبوں کے صرف نام سنے تھے، اب عوض سعید کی مہربانی سے انہیں ذرا قریب سے دیکھنے کا موقع ملا تو جی خوش ہوا۔ بعض بالکل نئی اور دلچسپ باتیں بھی معلوم ہوئیں۔ مثلاً:

مخدوم محی الدین:

طبعاً بڑے سادہ مزاج تھے۔ چنانچہ جب کبھی ان کی چیزیں رسائل کی زینت بنتی تھیں تو وہ بلا جھک بک اسٹال پر جاکر سارے پرچے خرید لیتے۔ ایسے وقت وہ بڑے معصوم لگتے، یہ معصومیت ہی دراصل ان کی شخصیت کی سب سے بڑی پہچان تھی۔ مخدوم عرب نژاد تھے۔ ان کا خاندانی نام "ابوسعید محمد مخدوم محی الدین حذری" تھا۔ عربوں کی بے پناہ خوبیوں کے ساتھ ان کی ذات میں چند کمزوریاں بھی در آئی تھیں۔۔۔۔ ان کے جذباتی ہونے کا عکس جابجا ان کی پرجوش تقریروں میں کہیں نہ کہیں عیاں ہو جاتا تھا۔ تنقید سننے یا سہنے کا حوصلہ ان کی ذات میں ذرا کم ہی پایا جاتا تھا۔ وہ (کمیونسٹ) پارٹی سے کچھ اتنے جڑے ہوئے تھے کہ ذرا بھی کسی نے چبھتا ہو جملہ کسا، وہ آپے سے باہر ہو گئے۔ پھر انہیں لاکھ سمجھائیں وہ اکھڑے سے جاتے تھے۔ مجھے اورینٹ کی وہ سلگتی شام آج بھی یاد ہے جب انہوں نے غصے کے عالم میں اپنے ہی ایک ساتھی کے گال پر طمانچہ جڑ دیا تھا۔

قاضی سلیم:

جس زمانے میں وہ اورنگ آباد میں وکالت کیا کرتے تھے، انہی دنوں اتفاق سے انور

معظم سے ان کی مڈ بھیڑ ہو گئی۔ ادھر ادھر کی باتوں کے بعد جب انور نے ان سے پوچھا کہ وکالت کیسی چل رہی ہے تو انہوں نے مسکراتے ہوئے کہا، خوب چل رہی ہے۔ آج ہی ایک آدمی کو چار سال کی قید کروادی ہے۔ پھر انور نے پوچھا وکیل کون تھا؟ تو انہوں نے کہا، میں تھا۔ انور نے حیرت سے پوچھا، چار سال کی سزا کیسے ہو گئی؟ انہوں نے جواب دیا، چار سال سے زائد ہو ہی نہیں سکتی تھی۔

مغنی تبسم:

انہوں نے اپنے لئے ایک شیڈول بنالیا ہے جو ہر سال تبدیل ہوتا رہتا ہے۔ کبھی شاذ کو فیض پر فوقیت دے دی تو کبھی دبلے پتلے مصحف اقبال کو اچانک پہلوانوں کے اکھاڑے میں کھڑا کر دیا۔ کبھی ایک کا ہاتھ تھاما تو کبھی دوسرے کا گریبان چاک کیا۔ کبھی کھائی میں گرے ہوئے کسی ادھ موئے شاعر کو آواز دی تو دوسری طرف خاصے بھلے شاعر کو کنویں میں دھکیل دیا۔

وحید اختر:

اپنے آگے دوسروں کو ہیچ اور حقیر سمجھنے کا جذبہ وحید کے خمیر میں کوٹ کوٹ کر بھرا ہوا ہے۔ اس کے ثبوت کے لئے کبھی آپ اس سے مل کو دیکھئے۔ وہ مصافحہ کے دو منٹ بعد ہی فقرہ بازی پر اتر آئے گا۔ پہلے آپ کو خاص انداز سے دیکھے گا، پھر مسکرائے گا۔ (اگر آپ شاعر ہیں، اسے اپنا مجموعہ پیش کریں گے تو وہ کہے گا) ہم نے آپ کا مجموعہ بادل نخواستہ پڑھا ہے۔ ہمارا خیال ہے بعض کتابوں کی عدم اشاعت ہی میں ادب کی خدمت کا پہلو نمایاں ہوتا ہے۔ آپ کی کتاب بھی اسی زمرے میں آتی ہے۔ آپ نے اپنی اوقات سے کہیں زیادہ پیسہ فضول اس مجموعے میں لگا دیا۔ بہتر ہوتا کہ آپ اپنے لئے کچھ نئے کپڑے سلوا لیتے۔

اگر کوئی اس سے کہے کہ وحید اختر ہم نے آپ کا شعری مجموعہ خریدا ہے اور آج کل وہی زیر مطالعہ ہے۔ اس پر وہ خوش نہیں ہو گا کہ ایک کتاب فروخت ہو گئی اور نہ اسے بھلے مانس سے وہ اپنی نظموں اور غزلوں کے متعلق پوچھے گا۔ اس کا جواب تو یہی ہو گا کہ آپ نے خواہ مخواہ ہمارا مجموعہ خریدنے کی حماقت کی۔ ہماری شاعری آپ کے پلے پڑنے سے تو رہی۔

A visit to Hyderabad FarkhundaAbad. Essay: Mushfiq Khwaja [khama-bagosh.[

***

۱۰

اردو میں ادب اطفال - صنف ناول اور کرشن چندر

محمود الرحمن

راشد الخیری کے بعد اس صنف ادب میں ایک خلا پیدا ہو گیا تھا، جسے اردو کے مشہور و معروف افسانہ نگار کرشن چندر نے پر کیا ہے۔ انہوں نے تقسیم کے بعد بچوں کے ادب کی طرف توجہ کی ہے اور اب تک متعدد ناول لکھ چکے ہیں۔ جن میں چڑیوں کی الف لیلہ، اور الٹا درخت کو قبول عام کا درجہ حاصل ہوا ہے۔ ہر دو ناول بچوں کے مشہور رسالہ، کھلونا دہلی میں قسط وار چھپتے رہے ہیں۔ اول الذکر ایک ایسے ننھے راج کمار کی کہانی ہے، جس کی حکومت پر ظالم چچا نے زبردستی قبضہ کر لیا تھا، وہ کسی طرح جنگل میں پہنچ گیا جہاں بھیڑنی نے اسے دودھ پلایا، اور شیر، ہاتھی، گینڈے، چیتے اور دوسرے جنگلی جانوروں نے مل کر اس کی پرورش کی، جنگل میں پلے ہوئے اس راجکمار نے بڑے ہو کر اپنی عقل سے جانوروں کو مقابلہ میں ہرا کر اپنا مطیع بنالیا۔ پھر جنگلی جانوروں اور پرندوں کی فوج تیار کر کے ظالم راجہ سے نبرد آزما ہوا۔ اور اسے شکست دے کر اپنی حکومت حاصل کی۔

کرشن چندر نے اس ناول کے ذریعہ دو باتیں بچوں کے ذہن نشین کرائی ہے۔ اول یہ کہ جانور صحیح معنوں میں خونخوار اور درندے نہیں ہوتے، ان کے اندر رحم کا جذبہ

کار فرما ہوتا ہے۔ ناول نگار نے دوسری جس چیز پر روشنی ڈالی ہے، وہ انسانک ی عظمت اور سربلندی ہے۔ اکیلا راجکمار جنگل کے تمام جانوروں کو اپنا مطیع بنالیتا ہے اور ان کی فوج تیار کر کے اپنا کھویا ہوا ملک حاصل کرلیتا ہے۔ اس طرح کرشن نے بچوں کو بتایا ہے کہ انسان تمام مخلوقات میں اعلی و افضل ہے۔ اس کے اندر آفاقی قدریں ہیں، ان کو اجاگر کرنے سے وہ ساری کائنات پر چھا سکتا ہے۔ یہ ناول خاصا دلچسپ ہے، اس لئے کہ اس کے اندر جانوروں کی عجیب و غریب دنیا آباد ہے۔ بچوں کے لئے یہ موضوع نیا اور اچھوتا ہے، اس لئے وہ ذوق و شوق سے پڑھتے ہیں۔

دوسرے ناول الٹا درخت کو بھی بچوں میں بڑی مقبولیت حاصل ہوئی ہے روس میں اسے قدر کی نگاہوں سے دیکھا گیا اور وہاں اس کی فلم بھی بن چکی ہے۔ اس ناول کا ہیرو ایک لڑکا یوسف ہے، جس کا باپ مر چکا ہے، ماں بیٹے ساتھ رہتے ہیں۔ جب فاقہ کی نوبت آتی ہے تو یوسف گائے بیچ کر جادو کے بیج حاصل کرتا ہے، جسے زمین میں بو دیتا ہے، ایک تناور درخت زمین کے اندر ہی اندر اگ آتا ہے، یوسف اس درخت پر چڑھ کر اندرونی دنیا کی سیر کو نکل جاتا ہے۔ اس کا یہ سفر بڑا ہی دلچسپ ہے، وہ کالے دیو کے شہر میں پہنچتا ہے، جہاں کے سب امیر لوگ کالے اور غریب سفید ہیں، پھر وہ مشینوں کے شہر میں آتا ہے، جہاں اونچی اونچی عمارتیں ہیں، کارخانے ہیں، دکانیں مٹھائیوں سے اٹی پڑی ہیں، لیکن اس شہر میں آدمی کا نام و نشان نہیں، ایک لڑکا، صفر صفر ایک نام کا، سارے شہر پر حکومت کرتا ہے۔ اس کے ہاتھ کی تمام انگلیاں کٹی ہوئی ہیں، صرف انگوٹھا باقی ہے۔ یوسف اس سے دوستی کرلیتا ہے۔ دونوں وہاں سے نکل کر جادو کی دنیا میں جاتے ہیں جہاں الہ دین اور سلیمان ٹوپی والا اپنا اپنا کرتب دکھاتے ہیں۔

اس ناول کو دلچسپ بنانے کے لئے کرشن چندر نے ایک خیالی دنیا کا رنگ بھرا ہے،

پرانی داستانوں کی طرح ایک قصے سے دوسرا قصہ پیدا کرتے چلے گئے ہیں۔ لیکن اس حقیقت کا اظہار بھی ضروری ہے کہ یہ ناول لکھتے وقت کرشن چندر نے بارہا اپنے گہرے سیاسی امور کی طرف مراجعت کی ہے۔ اور ایسی باتیں لکھ گئے ہیں جو معصوم قادری کی ذہنیت سے بہت بلند ہیں۔ خاص کر سرمایہ داری کے خلاف انہوں نے جو گل افشانی کی ہے، وہ ایک ایسا موضوع ہے، جسے بچوں کے ادب سے دور ہی رکھنا چاہئے تھا۔ ایسا محسوس ہوتا ہے، وہ لکھتے وقت یہ بھول گئے کہ ناول کے مخاطب کون لوگ ہیں۔ مثال کے طور پر یہ اقتباس ملاحظہ ہو:

یہ دیکھ کر ان کو اور بھی اچنبھا ہوا کہ اس دیوار کی بنیادوں میں چھوٹے چھوٹے سوراخ بنے ہوئے ہیں اور چھوٹے چھوٹے دیوزادے ان طلائی زنجیروں کو کھینچ کھینچ کر ان سوراخوں میں ڈال رہے ہیں جو انسانوں کے پیروں میں بندھی ہوئی ہیں۔

رمزیت کے روپ میں ظلم، تشدد اور سرمایہ پرستی کی طرف جو اشارہ کیا جارہا ہے، اسے ننھے قاری کیوں کر سمجھ سکتے ہیں، کرشن چندر کے گہرے سیاسی شعور کا لمس بچوں کے ناول کے لئے موزوں نہیں۔ رمزیت و معنویت کی دبیز چادر نصف ناول پر محیط ہے۔ بعد میں یہ آہستہ آہستہ سرکنے لگتی ہے۔ ایسا محسوس ہوتا ہے کہ جیسے مصنف کا پختہ شعور بچوں کے ادب کی خصوصیات کی طرف منتقل ہوچکا ہے۔

اس ناول میں کردار نگاری کی عمدہ مثال ملتی ہے۔ سب سے اہم اور دلچسپ کردار سبز قبا والے بوڑھے شخص کا ہے جو حد درجہ نیک اور شریف ہے۔ ناول کے کینوس پر ظاہر ہوتے ہی یہ نوعمر قارئین کی توجہ کا مرکز بن جاتا ہے۔ اس کی نیکی اور شرافت کا اظہار اس کے پہلے ہی جملے سے واضح ہوجاتا ہے: "کیا بات ہے بچو! کیوں روتے ہو؟"

پیر مرد کے اس جملے سے شفقت کے سوتے پھوٹ رہے ہیں، سبز قبا اور نورانی

داڑھی والا یہ انسان کمسن بچوں کا ہمدرد بن جاتا ہے۔ ہر قدم پر ان کی مدد کرتا ہے اور آخر میں انہیں ساتھ لے کر زمین سے باہر آجاتا ہے۔ بچے اس سے بے حد محبت کرنے لگتے ہیں، اور جب وہ چلتے وقت یہ کہتا ہے:

"یوسف! سبھی چھوٹی لڑکیاں شہزادیاں ہوتی ہیں۔ تم اس کو اپنے گھر میں رکھو اور اپنے دوست موہن کو بھی اپنے گھر میں رکھو۔ اپنی ماں کی خدمت کرو، اپنے گاؤں والوں کو اپنے علم اور تجربے سے فائدہ پہنچاؤ"۔

تو بچے اس کی نصیحت نہایت خوشی سے قبول کرلیتے ہیں۔ اس لئے کہ وہ بچوں کا دوست ہے۔ دوسروں کی مدد کرتا ہے، اس نے یوسف کی جان بچائی۔ اور اس نے گاؤں والوں کو ظالم راجہ سے نجات بھی دلوائی۔ ایسا شخص بچوں کے دلوں میں گھر کرلیتا ہے۔ اور بچے اس کے ہر حکم کے آگے سر تسلیم خم کردیتے ہیں۔ الٹا درخت چند خامیوں کے باوجود بچوں کا بہت اچھا ناول ہے اور ہم مجموعی طور پر اس کے متعلق مشہور ڈرامہ نگار ریوتی شرن شرما کے الفاظ میں یہ کہہ سکتے ہیں:

"ایک معصوم قاری کے لئے یہ عجیب و غریب اور دلچسپ داستان ہے۔ بچوں کے لئے اس میں دلچسپی کا پورا مواد موجود ہے۔

کرشن چندر نے دلچسپ ناول لکھ کر بچوں کی ناول نگاری کو خاصا آگے بڑھا دیا ہے۔"

ماخوذ از کتاب: اردو میں بچوں کا ادب۔ تالیف: محمود الرحمن

Children Urdu Literature, Novel & Krishan Chander. Essay: Mahmood ur Rahman.

***

۱۱

چودھری برکت علی - مجلہ ادب لطیف کے بانی

ناصر زیدی

ادب کی دنیا میں ترقی پسند تحریک کے آغاز سے ہی مارچ ۱۹۳۵ء میں جاری ہونے والا ماہانہ ادبی جریدہ "ادبِ لطیف" اپنے منفرد معیار اور مدت اشاعت کے ساتھ اب ایک ادبی لیجنڈ بن چکا ہے۔ بہت سے رسائل و جرائد اسی شہر زندہ دلاں، شہر ادب و ثقافت، شہر علم و فن سے مختلف ادوار میں جاری ہوئے اور معدوم ہوگئے، مگر "ادب لطیف" واحد ادبی جریدہ ہے، جو ہنوز جاری ہے۔ یہ پون صدی یعنی ۷۵ سال اپنی مسلسل اشاعت کے پورے کرچکا ہے اور لگتا ہے صدی بلکہ صدیاں پوری کرے گا۔۔۔۔۔۔!

اس جریدے کے بانی ایک نیک نیت انسان چودھری برکت علی مرحوم تھے۔ وہ لاہور کی ایک معزز ارائیں فیمیلی سے تعلق رکھتے تھے، ابھی "پالنے" ہی میں تھے کہ ماں جیسی عظیم ہستی کی شفقت سے محروم ہوگئے، تاہم والد گرامی چودھری محمد بخش نے شجر سایہ دار بن کر پرورش و پرداخت میں کوئی کسر نہ چھوڑی۔

چودھری برکت علی نے پرائمری تک ابتدائی تعلیم کارپوریشن کے ٹاٹ سکول میں حاصل کی۔ میٹرک کا امتحان اسلامیہ ہائی سکول بھاٹی گیٹ سے اچھے نمبروں سے پاس کیا اور پھر ایف۔ سی کالج لاہور میں داخل ہوگئے۔ ایف۔ اے کے بعد گورنمنٹ کالج لاہور

میں چلے گئے۔ زمانہ طالب علمی میں وہ ایک ذہین طالب علم ہونے کے ساتھ ساتھ فٹ بال اور ہاکی کے بہت نمایاں کھلاڑی بھی رہے۔ گریجویشن کے بعد ہسٹری میں ایم۔اے کی تیاری کر رہے تھے کہ انگریز سامراج کے خلاف عدم تعاون کی تحریک اور 'تحریک ترک موالات' شروع ہوئی۔ رفتہ رفتہ ان تحریکوں نے خوب زور پکڑا اور یہ پورے ملک میں پھیل گئیں۔ چودھری برکت علی کے نہاں خانہ دل میں موجود جذبہ حریت نے ان تحریکوں کا ساتھ دینے پر انہیں اکسایا تو وہ وقت کی پکار پر لبیک کہنے کے لئے خوشی خوشی آمادہ ہو گئے۔ انہوں نے ایم اے (ہسٹری) کا امتحان دیئے بغیر کالج چھوڑ دیا۔ یوں وہ ایم اے (ہسٹری) تو نہ کر سکے مگر تاریخ کا دھارا بدلنے میں ممد و معاون ضرور بنے۔۔۔۔!

چودھری برکت علی کی چشم بصیرت افروز نے دیکھا اور طبع حساس نے محسوس کیا کہ ہر طرح کے کاروبار پر ہندو سامراج کا غلبہ ہے اور مسلمان من حیث القوم قعرِ مذلت میں گرے ہوئے ہیں۔ اس حقیقت کا ادراک کرتے ہوئے انہوں نے پبلشنگ کے شعبے کو چنا کہ کاغذ، قلم حرف و لفظ ہی زندہ رہنے والی چیزیں ہیں اور چھپے ہوئے زندہ لفظوں سے قوموں کی تقدیریں بدلتی رہی ہیں اور بدل سکتی ہیں۔ چنانچہ ۱۹۲۹ء میں انہوں نے مشہور زمانہ پنجاب بک ڈپو قائم کیا اور اس بک ڈپو سے درسی کتب کی اشاعت کا سلسلہ شروع کیا۔

یوں وہ ہندو اور انگریز پبلشروں کے درمیان اس دور میں ایک بڑے مسلمان پبلشر کی حیثیت سے نمایاں ہوتے چلے گئے۔ ان کے حسن کارکردگی نے لکھنے، پڑھنے والے اساتذہ اور اہل علم کا ہالہ ان کے گرداگرد بنا ڈالا، اور وہ اچھی، معیاری، نصابی کتابیں چھاپنے لگے۔ انہوں نے اپنے کاروبار کو پورے برصغیر میں روشناس کرایا۔ کئی سال تک دل جمعی سے "پنجاب بک ڈپو" کو پھولنے پھلنے کا موقع دینے، مقام بلند تک پہنچانے کے بعد ان کی طبع رسا نے 'کچھ اور چاہئے وسعت مرے بیاں کے لیے' کے مصداق اپنی بات

، اپنے خیالات اور ترقی پسندانہ نظریات کو عام کرنے کے لئے ایک ادبی جریدے کے اجراء کا منصوبہ بنایا۔

حکیم احمد شجاع نے ان کے منصوبے کو عملی طور پر مہمیز لگائی کہ جریدے کا نام "ادب لطیف" تجویز کر دیا اور پہلے مدیر کے طور پر اپنے بچوں کے اتالیق، ایک سکول ٹیچر، شاعر و ادیب طالب انصاری بدایونی کا تقرر کروادیا۔

یوں مارچ ۱۹۳۵ء میں طالب انصاری بدایونی کی ادارت میں ادب لطیف کا پہلا شمارہ ۶۴ صفحات پر مشتمل منظر عام پر آیا۔.........

مارچ، اپریل، مئی ۱۹۳۵ء کے تین شمارے ہی طالب انصاری کی ادارت میں چھپ سکے کیونکہ جون ۱۹۳۵ء میں میرزا ادیب (بی اے آنرز) اس جریدے کے مدیر مقرر ہو گئے۔ طالب انصاری ان دنوں فلموں کے لئے گیت بھی لکھتے تھے، سکول میں ٹیچر بھی تھے اور پرائیویٹ طور پر ٹیوشن بھی پڑھاتے تھے۔ اتنی بہت مصروفیات میں وہ ادیب لطیف کے لئے بھرپور انداز میں وقت نہ دے سکتے تھے، جب کہ میرزا ادیب کل وقتی مدیر کے طور پر دستیاب ہو گئے تھے۔یوں ادب لطیف کے بانی مدیر ہونے کا اعزاز پنجاب کے دل لاہور میں فانی بدایونی کے شہر بدایوں کے ایک صاحب فن شاعر طالب انصاری کو حاصل ہے۔

میزا طالب کا نمبر دوسرا ہے، جو لوگ انہیں اولیت دیتے ہوئے ادب لطیف کا پہلا مدیر قرار دیتے ہیں وہ غلطی پر ہیں۔ دراصل پہلا مدیر ہی 'ٹرینڈ سیٹر [trend setter]' ہوتا ہے، چنانچہ ابتدائی شماروں کو دیکھ کر اندازہ ہوتا ہے کہ پہلے شمارے سے جو معیار، بانیٔ ادارہ، چودھری برکت علی کی رہنمائی میں مدیر اول نے قائم کیا اسی طرز پر میرزا ادیب اور ان کے بعد میں آنے والے مدیروں نے بھی معیار نہ صرف برقرار رکھا بلکہ آگے

بڑھایا۔

اس ادبی لیجنڈ، عہد ساز جریدے کے نامور مدیران میں طالب انصاری بدایونی کے علاوہ فیض احمد فیض، احمد ندیم قاسمی، فکر تونسوی، قتیل شفائی، عارف عبدالمتین، دو بار میرزا ادیب، انتظار حسین اور یہ خاکسار، راقم الحروف ناصر زیدی شامل ہیں۔۔۔۔۔

میرا دور ادارت ۱۹۶۶ تا ۱۹۸۰ء تک طویل ترین دور ہے جب کہ میرزا ادیب تو دو قسطوں مُں کل دس بارہ سال مدیر رہے۔۔ اور میرے بعد تو مدیران کی ایک لمبی لائن لگی رہی۔ ایک ہی شمارے میں اللہ جھوٹ نہ بلوائے بطور مدیران آدھی درجن نام بھی دیکھنے کو ملے۔

صدیقہ بیگم، کشور ناہید اور ان کا چار کا ٹولہ۔ پھر صدیقہ بیگم کے ساتھ مسعود اشعر اور پھر ان کے ساتھ اظہر جاوید۔ اب چودھری برکت علی کی صاحبزادی صدیقہ بیگم مدیر ہیں اور بڑے عزم و استقلال کے ساتھ مختلف ادوار کے معروف سائز سے ہٹ کر چھوٹے کتابی سائز پر رسالے کو باقاعدگی سے شائع کر رہی ہیں۔

۷۵ سالہ نمبر ان کی مدیرانہ کاوش کا یقیناً نقطہ عروج ہو گا۔۔!

"ادب لطیف" کا موجودہ کتابی سائز دراصل انتظار حسین کے فوری بعد آنے والے ایک مدیر قاسم محمود نے رائج کیا تھا۔ وہ کل چھ ماہ مدیر رہے اور اس عرصے میں ادب لطیف کا اصل قدیم اور معیاری حلیہ بگاڑ کے اسے صرف اور صرف افسانوں کے لئے مخصوص کر دیا کہ وہ خود بھی افسانہ نگار تھے۔ شاعری، ادب لطیف کے اس ششماہی تاریک دور میں ممنوع رہی۔ چودھری برکت علی کے بڑے صاحبزادے افتخار علی چودھری کا ذکر نہ کرنا زیادتی ہو گی۔ وہ 'پنجاب بک ڈپو' کے مالک اور ادب لطیف کے مینجنگ ایڈیٹر تھے۔ انہوں نے کبھی ایڈیٹر کے کام میں مداخلت نہیں کی، یہی وجہ ہے کہ مجھے ان کے ساتھ خوشگوارا

نداز میں بطور ایڈیٹر مسلسل پندرہ سال گزارنے کا موقع ملا۔ وہ بہت خلیق، متواضع، ہنس مکھ اور 'پیر پرست' انسان ہیں۔ میرے سید ہونے کے ناتے بھی وہ میری تکریم حد سے کچھ زیادہ ہی کرتے تھے۔۔۔ ان کا دستر خوان ہمیشہ سے بہت وسیع تھا۔ ہم روزانہ ان کے دستر خوان کے ریزہ چیں رہے۔ ان کی ایرانی بیگم ہر بدھ کو گامے شاہ اور داتا دربار پر حاضری کے بعد پنجاب بک ڈپو اور دفتر ادب لطیف تشریف لاتیں تو کھیر کا ایک دیگچہ بھی ملازم ضرور ساتھ لاتا۔ یوں ہم نے مدتوں بہت کھیر کھائی جو کسی طرح بھی ٹیڑھی نہ تھی۔ اس کھیر کی مٹھاس کا اثر اب تک ہماری شخصیت میں حلول کئے ہوئے ہے، جو "حاسدین تیرہ باطن" کے سوا ہر ایک مقرب خاص محسوس کر سکتا ہے۔

آج خصوصیت سے ذکر مقصود ہے، پنجاب بک ڈپو اور ادب لطیف کے بانی چودھری برکت علی کا لیکن بقول غالب:

ہر چند ہو مشاہدۂ حق کی گفتگو
بنتی نہیں ہے بادہ و ساغر کہے بغیر

چنانچہ بر سبیل تذکرہ بہت سی دیگر متعلقہ باتیں بھی آ گئیں۔

پھر آتا ہوں اپنے اصل موضوع کی طرف۔۔۔۔ چودھری برکت علی نے ہندوؤں کی اشاعتی اجارہ داری توڑنے کے ساتھ ساتھ بہت سے فلاحی، تعلیمی، اصلاحی اور رفاہی کام بھی کئے۔ انہوں نے مسلم ماڈل ہائی اسکول کی بنیاد ۱۹۴۵ء میں ڈالی۔ یہ سکول نواں کوٹ لاہور میں قائم کیا گیا۔ ۱۹۴۷ء میں یہ ہنگاموں کی نذر ہو گیا تو قیام پاکستان کے بعد موجودہ بلڈنگ میں کچہری روڈ اور اردو بازار کے سنگم پر یہ سکول قائم کیا گیا۔ چودھری برکت علی تادم آخر (۹، ۱۸ اگست ۱۹۵۲ء) بحیثیت جنرل منیجر اس اسکول میں فرائض انجام دیتے رہے۔ اس اسکول کے علاوہ انہوں نے مزید سکول لاہور ہی میں قائم

کئے۔ اسلامیہ ہائی اسکول موہنی روڈ اور اسلامیہ ہائی اسکول مصری شاہ۔ مسلم ماڈل ہائی اسکول کے بنیادی صدر نور الٰہی تھے جب کہ جنرل سیکریٹری شیخ محمد اشرف اور فنانس سکریٹری شیخ نیاز احمد تھے اور جنرل منیجر چودھری برکت علی۔ اس تعلیمی مجلس کے اراکین نے سکول کو ایسے عمدہ شفاف اور معیاری اصولوں پر چلایا کہ یہ اسکول پاکستان کے بہترین اسکولوں میں شمار ہوتا ہے۔

چودھری برکت علی کے تیسرے نمبر کے چھوٹے صاحبزادے خالد چودھری نے "چودھری اکیڈیمی" بنا کر پنجاب بک ڈیو کو بھی اس میں ضم کر لیا ہے۔ چودھری برکت علی کی صاحبزادی محترمہ صدیقہ بیگم جو ادب سے خصوصی لگاؤ رکھتی ہیں، ادب لطیف کو بڑی محنت لگن اور جانفشانی سے زندہ بلکہ تابندہ رکھے ہوئے ہیں۔ ان کے ساتھ حسب معمول چودھری برکت علی کے بڑے صاحبزادے چودھری افتخار علی مینجنگ ایڈیٹر ہیں اور دوسرے صاحبزادے ظفر علی چودھری بھی تعاون کر رہے ہیں۔ یوں چودھری برکت علی کا لگایا ہوا پودا تناور درخت بن کر پھول پھل رہا ہے۔

اب جس کے جی میں آئے وہی پائے روشنی
میں نے تو دل جلا کے سرِ عام رکھ دیا

ماخوذ از مجلہ: ماہنامہ ادبِ لطیف، ۷۵ سالہ نمبر (حصہ اول) شمارہ ۱۱-۱۲، نومبر-دسمبر-۲۰۱۰

Chaudhry Barkat Ali, the founder of Urdu Monthly 'Adab-e-Lateef'. Essay: Nasir Zaidi.

***

۱۲

اردو کی ہم رشتہ زبانیں اور ادب اطفال

حقانی القاسمی

نارسائی، معلومات کی کمی، اطلاعاتی وسائل کے فقدان کی وجہ سے جو چند سوالات ذہنوں میں جنم لیتے ہیں، ان میں سے ایک سوال یہ بھی ہے کہ کیا بچوں کے ادب پر خاطر خواہ توجہ نہیں دی جارہی ہے؟

ادب اطفال سے جڑے ہوئے اکثر قلم کار یہ سوال اٹھاتے ہیں اور گزشتہ ایک دہائی سے اس کی گونج کچھ زیادہ ہی سنائی دے رہی ہے۔

بنیادی طور پر یہ سوال ہی مہمل ہے۔ ادب اطفال سے متعلق ڈاکٹر مشیر فاطمہ، خوشحال زیدی، مناظر عاشق ہرگانوی، بانو سرتاج اور ضیاء الرحمن غوثی کی تحقیقات اور رسائل و جرائد میں شائع ہونے والے مضامین اس سوال کی لایعنیت ثابت کرنے کے لیے کافی ہیں۔

بچوں کے ادب کی روایت پر نگاہ ڈالنے سے بھی اندازہ ہوتا ہے کہ نظم و نثر کی مختلف اصناف میں بچوں کے لیے خاطر خواہ مواد موجود ہے۔ امیر خسرو کی خالق باری، غالب کے قادر نامہ سے لے کر آج تک قلم کاروں کی ایک کہکشاں ہے۔ اردو کے بڑے شاعروں میر تقی میر، نظیر اکبر آبادی، انشا، غالب، چکبست، خواجہ الطاف حسین حالی، تلوک چند

محروم، علامہ اقبال، اکبر الہ آبادی، محمد حسین آزاد اور اسماعیل میرٹھی نے بچوں کے لیے شاعری کی، نظمیں لکھیں۔

پریم چند، انشا، آزاد، حامد اللہ افسر، صالحہ عابد حسین، امتیاز علی تاج، عبد الغفار مدھولی، ایم یوسف انصاری، محمد حسین حسان، تسکین زیدی اور رام لعل نے کہانیاں لکھیں۔ آغا حشر کاشمیری، عظیم بیگ چغتائی، محمد مجیب، مرزا ادیب نے ڈرامے لکھے۔ کرشن چندر نے ستاروں کی سیر اور الٹا درخت، عصمت چغتائی نے تین اناڑی، سراج انور نے کالی دنیا، نیلی دنیا، ظفر پیامی نے ستاروں کے قیدی جیسے ناول لکھے۔

قدسیہ زیدی، قرۃ العین حیدر اور اطہر پرویز نے بچوں کے لیے ترجمے کیے۔ عادل اسیر دہلوی نے اپنی پوری زندگی ادب اطفال کے لئے وقف کر دی۔ بچوں کے لیے پھول، کھلونا، ٹافی، غنچہ، ہلال، نور، جنت کا پھول، چاند ستارے اور سینکڑوں رسالے شائع ہوئے۔ اخبارات کے گوشۂ اطفال شائع ہوتے رہے۔

ایسی صورت میں یہ سوال کہ بچوں کے ادب پر کم لکھا جا رہا ہے، خاصا مضحکہ خیز ہے۔ میرا خیال ہے کہ جتنا کچھ لکھا گیا ہے وہ بچوں کی ضرورت سے کہیں زیادہ ہے۔ محمد حسین آزاد، مولوی اسماعیل میرٹھی، شفیع الدین نیر نے جو سرمایہ چھوڑا ہے وہی بچوں کی ذہنی تربیت کے لیے کافی ہے۔ ان بزرگوں نے سدا بہار، دائمی افکار کی حامل تحریریں دی ہیں۔

ویسے بھی بچہ کتابوں سے زیادہ کلچرل بیانیہ سے سیکھتا ہے۔ پاپولر کلچر بیانیہ ہی بچوں کی آگہی کا پہلا زینہ ہے۔ ہر قوم اور کلچر میں کچھ narratives ہیں اور یہی بیانیے بچوں کے تحت الشعور کا حصہ بنتے ہیں۔ انہیں نیکی، بدی، خیر و شر کی تمیز سکھاتے ہیں۔ بچپن میں نانی، دادی کی لوریاں، کہانیاں، بچوں کو بہت کچھ سکھا جاتی ہیں۔

اب جب کہ صارفی معاشرت نے ہماری ترجیحات بدل دی ہیں، ٹکنالوجی نے بچوں کے رویے تبدیل کر دیے ہیں۔ اب بچوں کی narrative fantasies بدل گئی ہیں۔ اب ان کے تحت الشعور میں جن اور پریوں کی جگہ ڈزنی، باربی پاور رہنجرز نے لے لی ہے۔ بچوں نے اپنی ذہنی ترجیحات خود مرتب کر لی ہیں۔ تکنیکی وائرس اتنا وائرل ہو چکا ہے کہ اب مسئلہ بچوں کی معصومیت کو بچانے کا آ چکا ہے۔ اب صارفیت نے جو حالات پیدا کر دیے ہیں، ان حالات کی مزاحمت بچوں کے ادیب کی بنیادی ضرورت بن گئی ہے۔ اب چونکہ ہم سائنٹفک ایج میں سانس لے رہے ہیں اس لیے اب ادب اطفال پر ایک سائنٹفک نقطۂ نظر سے غور کرنے کی ضرورت ہے۔ ہمیں سائنسی آلات سے زیادہ سائنسی انداز فکر کی ضرورت ہے تبھی ہمارے لیے کنزیومر کلچر سے پیدا شدہ چیلنجز کو کاؤنٹر کرنا آسان ہو گا۔

آج تفریحی ذرائع نے بچوں کو وقت سے پہلے بالغ کر دیا ہے۔ پروین شاکر نے کہا تھا کہ بچے ہمارے عہد کے چالاک ہو گئے، تو یہ بات بالکل صحیح ہے۔ ہماری ذمہ داری ہے کہ اب بچوں کو تفریحی کلچر سے تخلیقی کلچر کی طرف لانے کی کوشش کریں۔ بچوں کے ادب پر اپنا زاویہ بدلنا ہو گا کیوں کہ اب بچوں کے ادب میں پالیٹیکل ایجنڈا بھی شامل ہو گیا ہے اور Cultural invatism بھی بڑا مسئلہ ہے۔

معاصر کلچرل Tabula سے بچوں کو بچانا ضروری ہے ورنہ ادب اطفال کی کوئی معنویت اور افادیت نہیں رہ جائے گی۔ کمپیوٹر کلچر کی جگہ کتاب کلچر کو فروغ دینا ہو گا۔

ادب اطفال کا پورا ارتکاز اخلاقیات پر ہونا چاہیے۔ پرانے زمانے میں گلستاں بوستاں اس لیے نصاب میں شامل تھی کہ اس سے بچوں کا اخلاقی شعور بیدار کیا جائے۔ الف لیلہ آج بھی بچوں کے لیے کلاسکس کی حیثیت رکھتی ہے۔ اس کے کردار سندباد، الہ دین، علی

بابا سے آج بھی پوری دنیا واقف ہے۔ ایسوپ کی کہانیاں، ہتوپدیش، پنچ تنتر بنیادی طور پر بچوں کے لیے ہی لکھی گئی ہیں۔

راجہ رانی سے بچوں کا رشتہ ابھی ٹوٹا نہیں ہے، جانوروں سے محبت کم نہیں ہوئی ہے۔ گلہری اور گائے سے دلچسپی ختم نہیں ہوئی ہے۔ کوّا اور کتے سے بچے اب بھی مانوس ہیں۔ پہاڑ، پانی، درخت اور ریت۔۔۔ یہ سب بچوں کے لیے Inspirational forces ہیں۔ شیر و بکری آج بھی بچوں کی محبت کا مرکز ہیں۔ بچوں کی بنیادی جبلت میں کوئی تبدیلی نہیں آئی ہے۔ کیوں کہ سائنس، ٹکنالوجی ہمارے معاشی، سیاسی اقدار تو بدل سکتے ہیں مگر انسانی جذبات و احساسات کو تبدیل نہیں کر سکتے۔ اسی لیے بچہ آج بھی معصوم ہے اور اس کی اسی معصومیت کو مسخ ہونے سے بچانا ادب اطفال کے قلم کاروں کی ذمہ داری ہے۔

اردو میں بچوں کا ادب مولوی اسماعیل میرٹھی سے محبوب راہی تک معصومیت کے اسی محور پر مرکوز ہے اسی لیے شروع سے لے کر آج تک اردو میں بچوں کا ادب زیادہ تر ترمیم و تنسیخ کا محتاج نہیں رہا۔ وہی موضوعات لیے گئے جو بچوں کے بنیادی احساسات اور جذبات سے تعلق رکھتے ہیں۔ آج بھی بچہ یہی گنگناتا ہے

چندا ماما دور کے
پوئے پکائیں بور کے
یا
چل میرے مٹکے ٹمبکٹو
جہاں کی بڑھیا وہیں کی تو

ہماری ہم رشتہ زبانوں میں بھی زیادہ تر ارتکاز نصائح اور اخلاقیات سیریز پر ہی ہے۔

عربی کی عزیزہ منا اور مارون یوسف نے بھی سوانح سیریز کو ہی بچوں کے لیے زیادہ بہتر سمجھا اور وہاں بچوں کے ادب کے تعلق سے ایک سنسر شپ بھی ہے کیوں کہ بچوں کے ادب میں کچھ ملکوں نے اپنے نسلی، قومی اور مذہبی تعصب کو بھی شامل کر رکھا ہے۔ فارسی میں تاریخ ادبیات کودکاں بھی ایک الگ زمرہ میں ہے۔

اردو میں بچوں کا ادب سارے ذہنی، مذہبی تعصبات سے پاک ہے۔ یہ اس زبان کے ادب کی بہت بڑی خوبی ہے جب کہ ہندی میں جو امر کتھا سیریز ۱۹۶۷ میں شروع کی گئی، اس میں فرقہ وارانہ قومی تعصب بھی ہے اور اس کے تصویری خاکے [illustrations] بھی ایسے ہیں جو بچوں کی ذہنی سطح سے میل نہیں کھاتے۔

یہ سچ ہے کہ اردو اپنی ہم رشتہ یا معاصر زبانوں کے بچوں کے ادب کے مقابلے میں قدرے کم تر ہے۔ ملیالم، تلگو، بنگلہ، مراٹھی، کنڑ وغیرہ میں بچوں کا ادب بہت مضبوط اور مستحکم ہے۔ ملیالم میں باضابطہ کیرالہ انسٹی ٹیوٹ آف چلڈرن لٹریچر قائم ہے جس نے بچوں کے لیے کتابوں کے علاوہ ایک ایسی انسائیکلوپیڈیا تیار کی ہے جس میں آرٹس، کلچر، جانوروں کی دنیا، انسانی تاریخ، زبان و ادب جیسے موضوعات ہیں۔ سوانحی سیریز ہے۔ ٹکنالوجی اور اقوام عالم جیسے موضوعات پر معیاری کتابیں ہیں۔ Thaliru نام سے ایک میگزین نکلتا ہے۔ اسی طرح بنگلہ میں بچوں کا ادب برٹش مشنری کی وجہ سے بہت مستحکم تھا۔ وہاں ودیا ساگر، سرت چندر، ٹیگور جیسے بڑے تخلیق کاروں نے بچوں کے ادب پر خاص توجہ دی۔ وہاں کے بچوں کا پہلا ماہنامہ ۱۸۱۸ء میں 'دگ درشن' کے نام سے شائع ہوا۔ ۱۸۲۲ء میں پیشوا ابلی، گیانودے، دریا درپن، ستیہ پردیپ، ابرالا، بندھو جیسے ماہنامے بچوں کے لیے شائع ہوئے۔

تلگو کا حال بھی بہتر ہے، کنڑ نے پہلی کتاب بچوں کے لیے لکھی جس کا نام 'ہندی

کتھا' تھا اور سب سے بڑی بات یہ ہے کہ تلگو کا ہی رسالہ چندا ماما بچوں کا واحد ایسا رسالہ ہے جو ہندی، مراٹھی، ملیالم، گجراتی، اڑیہ، سندھی، بنگالی، پنجابی، آسامی، سنسکرت، سہنالی، زبانوں میں شائع ہوا۔

انگریزی اور ہندی میں بھی صورت حال بہتر ہے۔ منورما پبلی کیشنز کے تحت Twinkle magic pot نکلتے ہیں۔چمپک ایک ایسا رسالہ ہے جس میں سائنس، تاریخ، اسپورٹس، کلچر، ماحولیات اور معمہ پر مضامین شائع ہوتے ہیں۔

ہندی میں ننھے سمراٹ، اندر دھنش، چمپک، چندا ماما، بال بھاسکر، نندن جیسے رسالے ہیں۔

ان زبانوں کی حالت بہتر ضرور ہے مگر اردو بھی اپنے وسائل کی کمی کے باوجود خراب پوزیشن میں کبھی نہیں رہی ہے۔ ہاں بچوں کے لیے کوالٹی لٹریچر کی کمی ضرور ہے۔ مگر ادب موجود ہے۔ اب 'پرتھم بکس' نے بہت ساری شکایتیں دور کر دی ہیں۔ یہاں بھی اردو اکادمی کا امنگ، قومی کونسل کا بچوں کی دنیا، مکتبہ جامعہ کا پیام تعلیم، فاروق سید کا گل بوٹے، نوشاد مومن کا نیا کھلونا، مالیگاؤں کا پہلا بچوں کا اخبار خیال انصاری کی ادارت میں شائع ہوتا ہے اور بھی رسالے ہوں گے۔

پاکستان سے ہمدرد کا نونہال ایسا رسالہ ہے جس کا مقابلہ ہماری معاصر زبانیں نہیں کر سکتیں۔ علی حسن ساجد وہاں سے جنگل منگل نام کا رسالہ نکالتے ہیں جس کا فیض احمد فیض نمبر شائع ہوا ہے جس میں بچوں سے متعلق فیض احمد فیض کی ساری تحریریں ہیں۔

اسی طرح مشہور ناول نگار مشرف علی فاروقی نے بچوں کا اشاعتی ادارہ کتاب کے نام سے قائم کیا تھا جس کے تحت آٹھ کتابیں شائع ہو چکی ہیں۔ صوفی تبسم، غلام عباس اور مہدی کی کتابیں، مالیگاؤں کے رحمانی پبلی کیشنز کے تحت بچوں کی بہت سی کتابیں شائع

ہوتی ہیں۔ مکتبہ پیام تعلیم کی ادب اطفال سیریز اور حکیم محمد سعید کی کتابوں کا ذکر بطور خاص کیا جا سکتا ہے جو ادب اطفال میں بیش بہا اضافہ ہیں۔ خوشی کی بات یہ ہے کہ بچوں کی ایک ویب سائٹ بھی ہے جس کا نام ہے ابتدا۔ جس کے مختلف زمرے ہیں فہم القرآن، قصے کہانیاں، مسکراہیے، نظمیں، فلمی نغمے، انسائیکلوپیڈیا، پکوان، شہر کی سیر، چڑیا گھر کی سیر، عجائب گھر کی سیر، تاریخی مقام کی سیر، کھیل کود، آج کا سبق، مضامین، آپ کی تصاویر۔ مشہور ویب سائٹ اردو پوائنٹ پر بھی ادب اطفال کا خاص گوشہ ہے۔

اس طرح کہا جا سکتا ہے کہ اردو میں بچوں کا ادب ارتقائی سفر طے کر رہا ہے۔ آج کے سب سے ممتاز ادیب و فن کار اس ادب کو فروغ دینے میں لگے ہوئے ہیں۔ رتن سنگھ، ذکیہ مشہدی، نصرت ظہیر، وکیل نجیب، بانو سرتاج، غلام حیدر، محبوب راہی، نذیر فتح پوری، مناظر عاشق ہرگانوی، مظفر حنفی، اسد رضا، اقبال احمد برکی، فراغ روہوی، عادل حیات، حافظ کرناٹکی۔۔۔ اور بھی بہت سے معتبر نام ہیں جو بچوں کا ادب فروغ دینے کے لیے کوشاں ہیں۔

میرا خیال ہے کہ بچوں کا ادب فروغ دینے کی بنیادی ذمہ داری خواتین کی ہونی چاہیے کیوں کہ وہ بچوں کی نفسیات، مزاج، سائیکی سے زیادہ واقف ہوتی ہیں۔ خواتین اس میدان میں آئیں تو بچوں کا ادب بہت مالا مال ہو گا۔

Children literature in Urdu and its related languages. Essay: Haqqani Al-Qasmi

***

۱۳

احمد ندیم قاسمی کا بچپن بقلم خود

احمد ندیم قاسمی

افلاس و تمول کا ایک دردناک مرکب ہونے کے باوجود مجھے میرا بچپن عزیز ہے، کبھی کبھی سوچنے لگتا ہوں کہ اگر میرا بچپن مسلسل امارت میں گزرتا تو میں وہ شدت احساس کہاں سے لاتا، جو اچھے ادب کی تخلیق کا نہایت اہم عنصر ہے، پھر خیال آتا ہے کہ اگر مفلسی کے ماحول میں مجھے امارت کی جھلکیاں دکھائی نہ دیتیں تو تقابل کی وہ تڑپ کہاں سے آتی جس کے بغیر زندگی صرف روتے بسورتے یا صرف ہنستے عشق کرتے گزر جاتی ہے۔

ساڑھے چار برس کی عمر میں اپنے گاؤں کی مسجد میں عربی قاعدہ پڑھنے بیٹھا تو میرے ہم سبق میرا نیا نیا اور اچھا اچھا لباس دیکھ کر میری عزت کرتے اور اس لئے دور رہنے لگے، جب میں نے ایک روز بے خیالی میں باجرے کی روٹی میں ملی ہوئی سرخ مرچوں کی گیند سی نکالی اور مزے سے کھانے لگا، تو میرے ہم سبق حیران ہو کر میرے قریب کھسک آئے، اور مجھے اپنا سمجھنے لگے۔

موٹا سا تھن تھنا بچہ دیکھ کر مولوی جی نے پہلے روز ہی اعلان کر دیا، کہ یہ لڑکا غبی

ثابت ہو گا، "موٹے لڑکے ذہین نہیں ہوتے میرا ساٹھ برس کا تجربہ ہے۔" لیکن یہاں تو امی کی طرف سے ہدایت ملی تھی کہ اچھا نہ پڑھو گے تو ہر روز بعد از دوپہر بھنے ہوئے چنوں اور گڑ کا "راشن" بند کر دیا جائے گا۔ اور۔۔۔۔۔ "بیٹا جو بچے نالائق ثابت ہوتے ہیں، انہیں مرنے کے بعد دوزخ میں جلایا جاتا ہے۔" ایسے حالات میں جی لگا کر نہ پڑھنا حیات اور حیات بعد الممات دونوں سے دشمنی تھی۔ اور اس لئے خوب پڑھا، ذہین بھی تھا، اس لئے میرے ہم سبق قاعدے ہی میں ٹامک ٹوئیے مارتے رہے اور میں لپک کر پہلے سیپارے کے نصف تک جا پہنچا۔

پانچ برس کی عمر میں پرائمری اسکول میں داخل ہوا، اور پہلی جماعت کے ادنی و اعلیٰ درجوں سے جو "مانیٹری" شروع کی ہے تو دسویں جماعت تک یہ "ٹر" میرے ہمرکاب رہی۔ اس کے بعد آب کاری سب انسپکٹر بنا، اور اب ایڈیٹر ہوں۔ ان دنوں میں نے توے کی کالک اتار کر اور اس میں درختوں کی ٹہنیوں کے جوڑوں میں چمٹا ہوا گوند ملا کر روشنائی تیار کی باہر لنڈ منڈ پہاڑیوں پر سے مویشیوں کا خشک گوبر اور پھر بکریوں کی مینگنیاں اور جھاڑیوں کی خشک ٹہنیاں گھر کا چولھا گرم رکھنے کے لئے جمع کرتا رہا۔ زندگی کی وہ روز آسائش اور عیاشیاں" جو بچپن سے منسوب کی جاتی ہیں اور انسانی جسم کے نشوونما اور انسانی ذہن کے ارتقا کے لئے اہم سمجھی جاتی ہیں، میری دسترس سے دور رہیں۔ لیکن عموماً خاندانکی بزرگی اور دوسرے رشتہ داروں کی امارت کے پاس کی خاطر مجھے ریاکاری پر بھی مجبور کیا گیا۔ ان دنوں بھی میں یوں محسوس کرتا تھا، جیسے بڑے بڑے مجمعوں میں حصہ لینے کے لئے میرے جسم پر جو ریشمی لباس منڈھ دیا گیا ہے وہ بالکل گھٹیا قسم کے ملمع کی حیثیت رکھتا ہے، اس قبل از وقت احساس نے مجھے قبل از وقت حساس بنا دیا۔ اور

آنسوؤں کی سیلن میں کچھ ایسی تیزابیت بس گئی کہ بچپن ہی میں میرے سامنے سے مجلس زندگی کے موٹے موٹے پردے جل کر گر گئے۔

باوجود اس ظلمت و نور کی گرادب سامانی کے میری صحت قابل رشک رہی۔ اور میری شرارتوں میں کوئی رکاوٹ نہ ہو سکی، مجھے یاد ہے کہ بہت دیر تک رونے کے بعد جب مجھے ریوڑیاں خریدنے کے لئے ایک پیسہ ملا تھا، اور میں پھیلے ہوئے آنسوؤں کو ملے بغیر ریوڑیا چبا رہا تھا تو اچانک مجھے ایک شرارت سوجھی ریوڑیوں سے تل اتار کر ایک ننھی سی کنکری اٹھائی اس پر ریوڑی کی شیرینی کو محنت سے رگڑا اور پھر اس پر تل چپکا کر یہ "ریوڑی" میں نے ایک ہم عمر دوست کے پیش کر دی تھی اور اس سنگین ریوڑی کو چباتے ہی وہ جو چلا چلا کر رویا ہے تو آن کی آن میں سارا محلہ میری شرارت کی نوعیت معلوم کر کے قہقہوں سے چھلک اٹھا۔

زندگی بہت آگے نکل آئی ہے، بچپن دھندلا ہو چکا ہے، نظریات بدل چکے ہیں۔ ماحول منقلب ہو چکا ہے، بچپن کے کئی ساتھی ہمیشہ کے لئے جدا ہو چکے ہیں، جو زندہ ہیں وہ ہل چلانے یا رائفل اٹھانے یا جیل کاٹنے میں مصروف ہیں، اس لئے بچپن کبھی زیر بحث نہیں آیا۔ سات برس کا تھا تو ابا جو آخر عمر میں مجذوب سے ہو گئے تھے چل بسے، بھائی جان کے بارے میں اتنا یاد ہے کہ ان کا تھپڑ میرے سامنے نیلے پیلے ستاروں کا ایک فوارہ چھوڑ دیتا تھا، اور ان کی تھپکی مجھے ان سے لپٹ لپٹ کر رونے پر مجبور کر دیتی تھی۔ اور میری امی تو خیر میرے احساسات کی تشکیل کی سب سے بڑی معاون ہیں، انہوں نے مجھے خود داری، صداقت، غیر تمندی اور اولوالعزمی کے نہایت خاموش مگر بے حد موثر سبق دیئے اور اب میں اپنے بچپن کا تصور کرتا ہوں تو یوں محسوس ہوتا ہے جیسے مجھ پر میری

امی نے اپنے بازوؤں سے چھاؤں کر رکھی ہے۔ میری آپا میری دائیں جانب کھڑی مجھے بہلا رہی ہیں۔ میرے بھیا میری بائیں جانب کھڑے مجھے پچکار رہے ہیں۔ اور میرے سامنے زندگی کا بحر ذخار ٹھاٹھیں مار رہا ہے، اور میں لحہ بہ لحہ ان کوہسار موجوں سے الجھنے کے لئے بے تاب ہوں، ان سے مانوس ہو رہا ہوں۔ ان میں جذب ہو رہا ہوں۔

ماخوذ از کتاب: مشاہیر کا بچپن، مرتب: حمایت علی

The childhood of Ahmed Nadim Qasmi by himself.

***